Lenguajes de definición y modificación de datos SQL

Jesús Francisco Camuña Rodríguez

ic editorial

Lenguajes de definición y modificación de datos SQL
© Jesús Francisco Camuña Rodríguez

1ª Edición

© IC Editorial, 2025

Editado por: IC Editorial
c/ Cueva de Viera, 2, Local 3
Centro Negocios CADI
29200 Antequera (Málaga)
Teléfono: 952 70 60 04
Fax: 952 84 55 03
Correo electrónico: iceditorial@iceditorial.com
Internet: www.iceditorial.com

ISBN: 978-84-1184-536-6
Depósito Legal: MA 19-2025

Impresión: PODiPrint
Impreso en Andalucía – España

Nota de la editorial: IC Editorial pertenece a Innovación y Cualificación S. L.

Presentación del manual

El **Certificado de Profesionalidad** es el instrumento de acreditación, en el ámbito de la Administración laboral, de las cualificaciones profesionales del Catálogo Nacional de Cualificaciones Profesionales adquiridas a través de procesos formativos o del proceso de reconocimiento de la experiencia laboral y de vías no formales de formación.

El elemento mínimo acreditable es la **Unidad de Competencia.** La suma de las acreditaciones de las unidades de competencia conforma la acreditación de la competencia general.

Una **Unidad de Competencia** se define como una agrupación de tareas productivas específica que realiza el profesional. Las diferentes unidades de competencia de un certificado de profesionalidad conforman la **Competencia General,** definiendo el conjunto de conocimientos y capacidades que permiten el ejercicio de una actividad profesional determinada.

Cada **Unidad de Competencia** lleva asociado un **Módulo Formativo,** donde se describe la formación necesaria para adquirir esa **Unidad de Competencia,** pudiendo dividirse en **Unidades Formativas.**

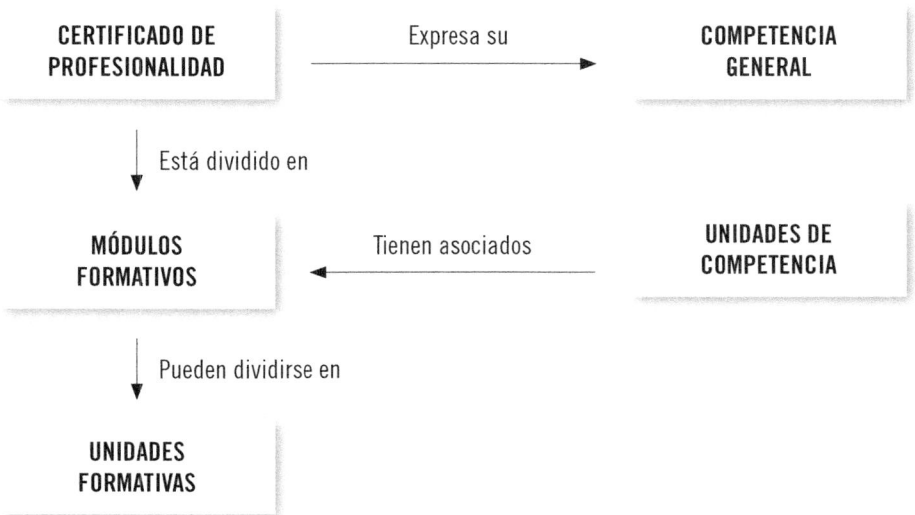

El presente manual desarrolla la Unidad Formativa **UF1472: Lenguajes de definición y modificación de datos SQL,**

perteneciente al Módulo Formativo **MF0225_3: Gestión de bases de datos,**

asociado a la unidad de competencia **UC0225_3: Configurar y gestionar la base de datos,**

del Certificado de Profesionalidad **Administración de bases de datos.**

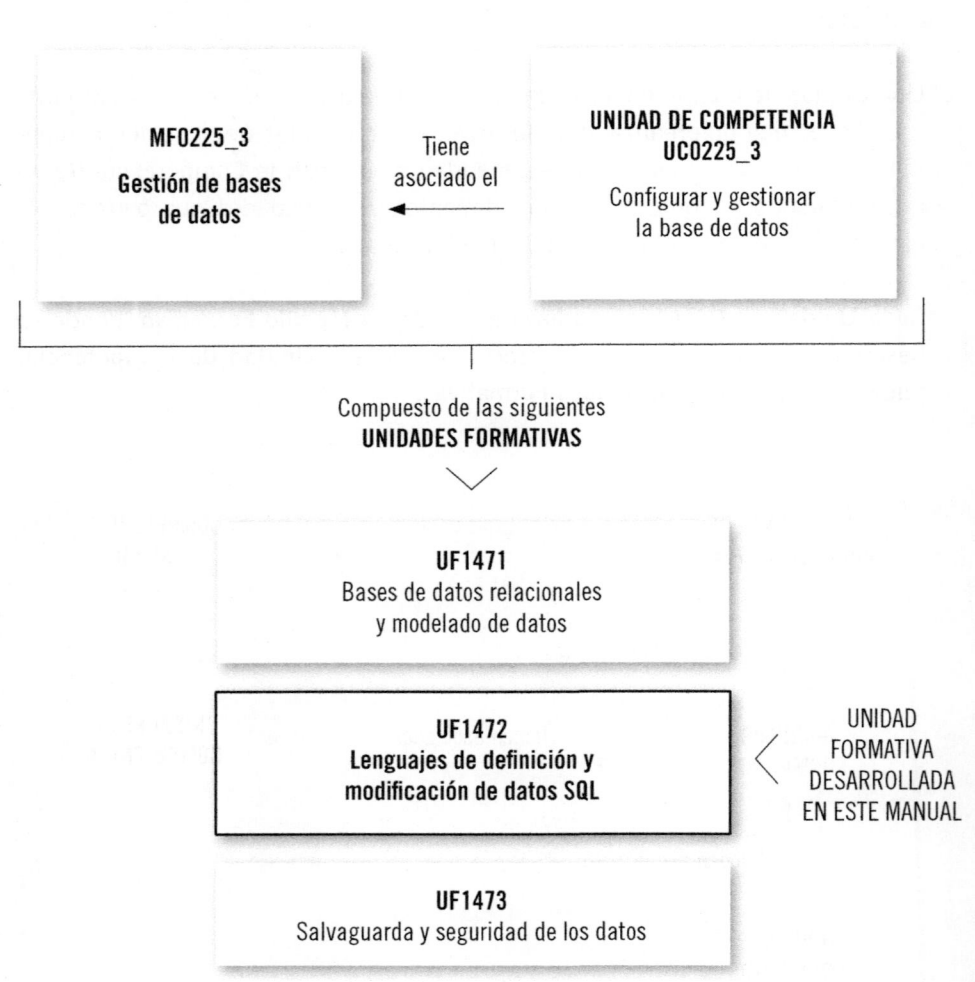

FICHA DE CERTIFICADO DE PROFESIONALIDAD

(IFCT0310) ADMINISTRACIÓN DE BASES DE DATOS (R. D. 1531/2011, de 31 de octubre modificado por el R. D. 628/2013, de 2 de agosto)

COMPETENCIA GENERAL: Administrar un sistema de bases de datos, interpretando su diseño y estructura, y realizando la adaptación del modelo a los requerimientos del sistema gestor de bases de datos (SGBD), así como la configuración y administración del mismo a nivel físico y lógico, a fin de asegurar la integridad, disponibilidad y confidencialidad de la información almacenada.

Cualificación profesional de referencia		Unidades de competencia	Ocupaciones o puestos de trabajo relacionados:
IFC079_3 ADMINISTRACIÓN DE BASE DE DATOS	UC0223_3	Configurar y explotar sistemas informáticos	• Administrador de bases de datos
(R. D. 295/2004, de 20 de febrero y modificaciones R. D. 1087/2005, de 16 de septiembre)	UC0224_3	Configurar y gestionar un sistema gestor de bases de datos	• Técnico en Data Mining (minería de datos) • Analista orgánico
	UC0225_3	Configurar y gestionar la base de datos	

Correspondencia con el Catálogo Modular de Formación Profesional

Módulos certificado	Unidades formativas	Horas
MF0223_3: Sistemas operativos y aplicaciones informáticas	UF1465: Computadores para bases de datos	60
	UF1466: Sistemas de almacenamiento	70
	UF1467: Aplicaciones microinformáticas e Internet para consulta y generación de documentación	40
MF0224_3: Administración de sistemas gestores de bases de datos	UF1468: Almacenamiento de la información e introducción a los SGBD	50
	UF1469: SGBD e instalación	70
	UF1470: Administración y monitorización de los SGBD	80
MF0225_3: Gestión de bases de datos	UF1471: Bases de datos relacionales y modelado de datos	70
	UF1472: Lenguajes de definición y modificación de datos SQL	60
	UF1473: Salvaguarda y seguridad de los datos	70
MP0313: Módulo de prácticas profesionales no laborales		80

Índice

Capítulo 3
Transaccionalidad y concurrencia

Capítulo 1
Análisis de los objetos y estructuras de almacenamiento de la información para diferentes SGBD

Contenido

1. Introducción

Los Sistemas de Gestión de Bases de Datos (SGBD) han evolucionado a partir de aplicaciones informáticas especializadas hasta convertirse en una parte primordial dentro de un sistema informático moderno. Como consecuencia de esta especialización el conocimiento acerca de las bases de datos forma parte esencial de la informática y las tecnologías de la información.

Una base de datos se define como:

Colección o depósito de datos integrados, almacenados en soporte secundario (no volátil) y con redundancia controlada. Los datos, que han de ser compartidos por diferentes usuarios y aplicaciones, deben mantenerse independientes de ellos, y su definición (estructura de la base de datos) única y almacenada junto con los datos, se ha de apoyar en un modelo de datos, el cual ha de permitir captar las interrelaciones y restricciones existentes en el mundo real. Los procedimientos de actualización y recuperación, comunes y bien determinados, facilitarán la seguridad del conjunto de los datos.

Piattini et al. (2006)

Un sistema de gestión de bases de datos comprenderá un conjunto de programas que van a permitir la creación, administración, funcionamiento, uso y mantenimiento de una base de datos.

En definitiva, un SGBD está formado por una colección de datos interrelacionados entre sí que constituyen la base de datos y un conjunto de programas mediante los cuales poder acceder y manipular dichos datos.

El objetivo primordial de un SGBD es proveer de una herramienta adecuada para extraer y almacenar la información contenida en la base de datos.

2. Tipos de sistemas de información para la gestión de datos

Los sistemas para el almacenamiento de información (bases de datos) pueden clasificarse en dos tipos:

■ **Sistemas tradicionales de ficheros u orientados a procesos.** En estos sistemas un dato puede estar almacenado en varios ficheros, hacerle varios
tratamientos y obtener diferentes resultados. Tienen las siguientes características:

  ▮ Cuenta con numerosas aplicaciones, cada una destinada a la realización de determinadas operaciones.
  ▮ Los datos son almacenados en archivos dentro de diferentes tipos de
  unidades de almacenamiento: ficheros, hojas de cálculo, etc.
  ▮ Cada programa gestiona y almacena sus propios datos.

Este tipo de sistemas puede representarse de manera esquemática mediante la siguiente figura:

Sistemas orientados a procesos

Donde:

  ▮ D1 a D7: son los datos.
  ▮ F1 a F5: son los ficheros donde se alojan los datos.
  ▮ T1 a T5: son los tratamientos que se aplican a los datos por las di-
  ferentes aplicaciones.
  ▮ R1 a R5: son los diferentes resultados obtenidos.

■ **Sistemas orientados a datos.** En estos sistemas los datos se encuentran centralizados en una base de datos única para todas las aplicaciones.

Los datos (D1 a D5) son añadidos a la base de datos empleando un Lenguaje de Definición de Datos (LDD) mediante el que se especifica el esquema de la base de datos. Más tarde, los datos alojados en la base de datos pueden manejarse (creación, recuperación, tratamiento) empleando un Lenguaje de Manipulación de Datos (LMD) y conseguir unos resultados (R1 a R3).

Esquemáticamente puede representarse mediante la siguiente figura:

Sistemas orientados a datos mediante el empleo de una base de datos

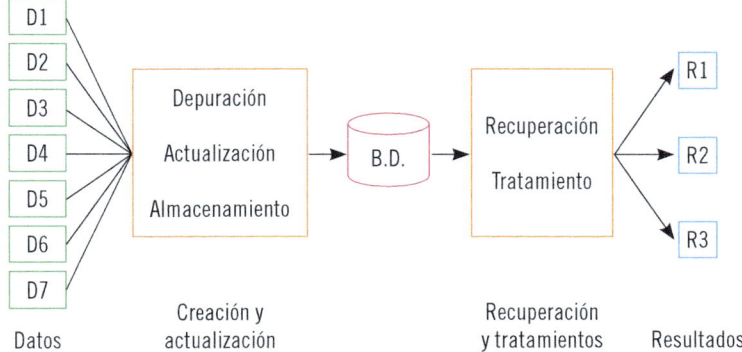

 Actividades

1. Investigue y nombre algunas de las ventajas e inconvenientes que aportan los SGBD frente a los sistemas basados en ficheros.
2. Señale qué tipo de sistema de almacenamiento le parece mejor. Justifique su respuesta.

3. Relación de estos elementos con tablas, vistas e índices

Las bases de datos están diseñadas para gestionar grandes cantidades de información. La gestión de esta información implica:

- La definición de estructuras para el almacenamiento de los datos.
- Provisión de mecanismos de gestión de la información.
- Mantenimiento de la seguridad de la información almacenada.
- La gestión de usuarios.

Los componentes principales de una base de datos son:

- **Datos:** se van a almacenar físicamente en una o más bases de datos.
- *Hardware:* componente físico o dispositivo donde se guardan dichos datos.
- *Software:* conjunto de programas que actúa entre los usuarios y los datos a través del sistema de gestión de base de datos.
- **Usuarios:** informáticos y no informáticos. Son los analistas, diseñadores y administradores.

  - Analistas: realizan los programas de aplicación.
  - Diseñadores, identifican los datos y las estructuras de almacenamiento.
  - Administradores: control y gestión de datos de la BD.
  - Usuarios no informáticos. Pueden ser usuarios que utilizan la base de datos habitualmente y otros que la usen de forma esporádica.

 Actividades

3. Averigüe cuáles son las funciones del administrador de la base de datos.

Los SGBD almacenan la información de manera que ocultan algunos detalles respecto a la forma de almacenamiento y mantenimiento de los datos. Por otro lado, para poder trabajar con los datos y que cualquier usuario pueda acceder cómodamente, se han de extraer con facilidad, lo que ha llevado al diseño de formas complejas de representación de los datos a través de diversos niveles de abstracción que simplifican la interacción con el sistema.

 Importante

Un objetivo importante de los SGBD es proporcionar a los usuarios una visión abstracta de los datos.

En los sistemas de información se pueden observar dos estructuras distintas: la **lógica** y la **física.** La lógica es la que ve el usuario y la física es la forma en la que se almacenan los datos.

En los sistemas de gestión de bases de datos aparece un nuevo nivel denominado **nivel conceptual** o **estructura lógica global** que pretende una representación global de los datos entre la estructura lógica y física, y que sea independiente tanto del equipo como de cada usuario.

 Nota

El objetivo fundamental de un sistema de gestión de base de datos es la independencia física y lógica entre datos y tratamiento.

Se distinguen tres niveles de abstracción:

■ El esquema o **nivel externo** es la visión que tiene de la base de datos cada usuario en particular y depende del uso que se le vaya a dar.

　▮ Hay tantos esquemas externos como usuarios.

　▮ Deben encontrarse reflejados solo datos e interrelaciones que vea el usuario en concreto.

　▮ Se especifican las restricciones de uso: a qué datos puede acceder cada usuario, cuáles borrar, modificar, etc., es decir, los privilegios de cada usuario.

■ El esquema o **nivel conceptual** es el enfoque del conjunto de una empresa o la visión del administrador.

　▮ Abarca la visión global de los datos y se describe para una comunidad de usuarios.

　▮ Posee las restricciones de integridad o de confidencialidad.

　▮ Incluye la descripción de todos los datos.

■ Esquema o **nivel interno** es la forma de almacenamiento físico de datos, es decir, de qué forma están almacenados los datos y los métodos de acceso.

Los tres niveles de abstracción de los sistemas de bases de datos

Estructura lógica de usuario
- Nivel externo -

Estructura lógica global
- Nivel conceptual -

Estructura física
- Nivel interno -

La forma en que el usuario de una base de datos la ve y la manera en la que realmente está estructurada en un ordenador puede ser muy diferente. Por ejemplo, en la siguiente tabla se pueden ver las diferencias existentes entre lo que ve el administrador de una base de datos, y la estructura física real de cómo se almacenan los datos en un SGBD como puede ser *SQL.*

Lo que ve el administrador de la BD	Estructura física de *SQL*
Bases de datos almacenadas físicamente en archivos.	Bases de datos almacenadas físicamente en archivos.
Tablas, vistas e índices y otros objetos.	Páginas asignadas a vistas e índices.
Columnas (campos), y filas (registros) de tablas.	Información almacenada en tablas.

Las bases de datos se crean sobre un conjunto de archivos que componen la estructura física de la base de datos. En esta estructura se almacena toda la información y de ella depende en gran medida la velocidad de respuesta ante consultas y actualizaciones.

 Importante

La estructura física es muy dependiente de cada sistema de gestión de base de datos. Por ejemplo, SQL lo hace de una manera y Oracle de otra.

El **gestor de almacenamiento** es el responsable de relacionar los datos de bajo nivel en la base de datos y los programas de aplicación y consultas. Los datos en bruto se almacenan en el disco del ordenador que contiene la base de datos utilizando el sistema de archivos disponible en cualquier sistema operativo convencional, y el gestor de almacenamiento se encarga de traducir las diferentes instrucciones para la manipulación de los datos en órdenes adecuadas para el sistema de archivos físico.

El gestor de almacenamiento implementa varias estructuras:

- Archivos de datos donde se almacena la base de datos.
- Diccionario de datos que almacena la estructura de la base de datos y su esquema.
- Índices que proporcionan acceso rápido a los datos.

La estructura física depende del SGBD con el que se esté trabajando. El SGBD Oracle utiliza varias estructuras para el almacenamiento físico en el disco, así como para la gestión de los datos. Estas estructuras son:

- **Estructuras de almacenamiento:** archivos de datos, archivos de registro rehacer, archivos del registro rehacer archivados (contienen datos del propio usuario).
- **Archivos de control:** mantienen el estado de los objetos de la BD.
- **Archivos de traza y alerta:** tienen información de registro relativa a sucesos rutinarios como errores que puedan ocurrir.

Estructuras de almacenamiento físico de Oracle

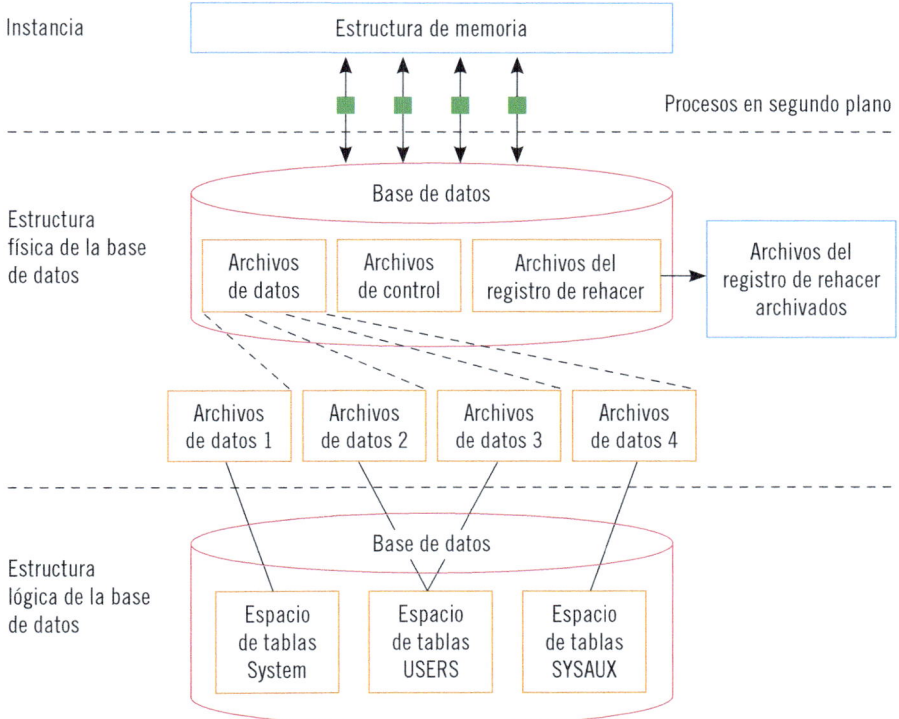

Los datos almacenados en una base de datos de *Oracle* se agrupan en una serie de espacios de tabla, denominados **tablespaces,** que son un conjunto de propiedades de almacenamiento aplicado a objetos creados en la BD para ese *tablespace.* Dentro de ellos existen otras estructuras lógicas denominadas **segmentos** que contienen datos para una estructura específica de datos. A su vez estos últimos se subdividen en **extensiones,** que consisten en un conjunto de bloques contiguos de la BD, y **bloques,** similares a los bloques BCP de un sistema operativo.

Estructuras de almacenamiento físico de Oracle

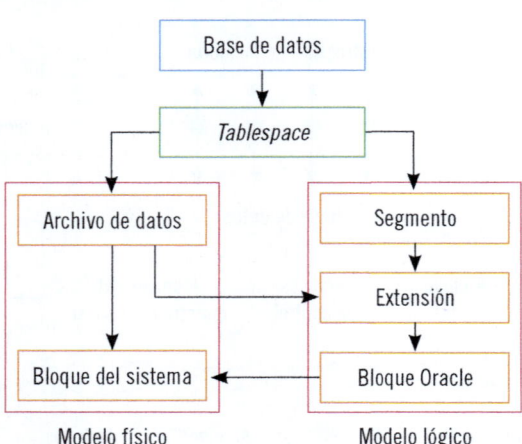

 Definición

Bloque de Control de Proceso BCP
Es un registro del sistema operativo donde se agrupa toda la información necesaria para un proceso particular.

Las principales **estructuras lógicas** de la base de datos son:

- **Tablas.** Son las unidades básicas de almacenamiento.
- **Índices.** Permiten aumentar la velocidad de las operaciones mediante un acceso más rápido a los registros de datos contenidos en una tabla. Tienen un funcionamiento similar al índice en un libro.
  Son manejados de manera inteligente por *Oracle*, de forma que el programador cuando los crea no ha de especificar el que va a usar.
- **Vistas.** Permiten al usuario acceder a una visualización personalizada de los datos de una tabla o una combinación de estas.

Actividades

4. Busque en internet la estructura física de *SQL Server.*

4. Consecuencias prácticas de seleccionar los diferentes objetos de almacenamiento

La estructura física de un sistema de gestión de bases datos establece cómo se encuentran almacenados los diferentes objetos de almacenamiento de una base de datos. Dicha estructura determina:

- La eficiencia con la que el sistema maneja los diferentes objetos de almacenamiento.
- El rendimiento, de manera que la relación existente entre la carga de trabajo y los tiempos de respuesta en las transacciones sea elevado. Este concepto se encuentra muy ligado a la satisfacción del usuario del SGBD.
- El tiempo de respuesta transcurrido entre el inicio de una operación y la obtención del resultado. Debe buscarse un diseño físico del sistema que almacene los datos de manera que su recuperación, manipulación y actualización sea lo más baja posible.

Nota

Los tiempos de respuesta elevados son la queja más frecuente entre los usuarios de un SGBD.

Actividades

5. Indique qué otras posibles consecuencias piensa que pueden derivarse de la elección de un SGBD teniendo en cuenta que cada uno va a tener una estructura física diferente.

5. Diferentes métodos de fragmentación de la información (en especial para bases de datos distribuidas)

La información alojada en una base de datos se encuentra fragmentada. Esta fragmentación va a depender de la arquitectura empleada para alojar el sistema de bases de datos, que a su vez depende del sistema informático subyacente utilizado para alojar el SGBD.

Según esta arquitectura pueden encontrarse diferentes sistemas de bases de datos: **centralizados, cliente-servidor, en paralelo, o sistemas distribuidos.**

5.1. Sistemas centralizados

Se ejecutan en un único sistema informático sin interaccionar con ninguna otra computadora.

Se distinguen dos tipos:

- **Sistemas monousuario.** Son ordenadores personales con una única CPU y un sistema operativo monousuario.
- **Sistema multiusuario.** Ordenadores con varias CPU y sistemas operativos multiusuario conectados al sistema servidor.

 Definición

CPU

Es la Unidad Central de Procesamiento *(Central Processing Unit)* y el principal componente del ordenador. Se encarga de interpretar las instrucciones de los programas y de procesar los datos.

Sistema monousuario

Es un sistema operativo que únicamente puede ser utilizado por un usuario determinado en un periodo de tiempo. Se distingue del sistema multiusuario en que este puede ser utilizado por varios usuarios de manera simultánea.

5.2. Sistemas cliente-servidor

La base de datos se aloja en un computador central (servidor) que recibe las peticiones generadas por los **sistemas clientes.**

Estos sistemas tienen las siguientes características:

- Reparto de funcionalidades.
- Se utilizan como terminales ordenadores personales que gestionan la interfaz de usuario.
- El servidor satisface las peticiones realizadas por el sistema cliente.
- Existen dos tipos de servidores:

   a. **Servidores de transacciones** o servidor de consultas. Los clientes envían peticiones para realizar una acción que el servidor ejecutará devolviendo los resultados al cliente.
   b. **Servidores de datos.** El servidor envía los datos a los clientes realizándose en estos el procesamiento de los datos para después enviar el resultado de vuelta al servidor.

La estructura de un sistema cliente-servidor puede verse en el siguiente esquema:

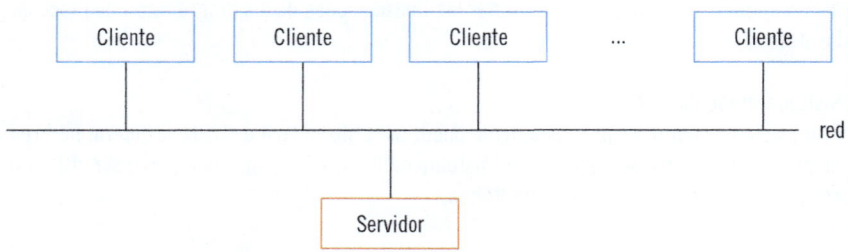

Estructura general de un sistema cliente-servidor

5.3. Sistemas paralelos

Son sistemas que han surgido debido a la necesidad de manejar sistemas de bases de datos extremadamente grandes (del orden de *terabytes,* esto es 10^{12} *bytes),* o que deben procesar gran cantidad de transacciones por segundo.

Estos sistemas mejoran la velocidad de procesamiento de Entrada-Salida (E/S) mediante el empleo de una CPU y de discos en paralelo, realizando muchas operaciones de manera simultánea y a una velocidad elevada que disminuye el tiempo empleado para realizar una tarea dada.

Se distinguen dos tipos de máquinas en paralelo:

- **Máquinas de grano grueso** que consisten en un pequeño número de potentes procesadores.
- **Máquinas masivamente paralelas o de grano fino** que utilizan miles de procesadores pequeños.

Entre sus inconvenientes se encuentran:

- **Costes de inicio.** Una operación paralela puede estar compuesta por miles de procesos, pudiendo llegar a ser mucho mayor el tiempo de inicio que el tiempo real de procesamiento.

- **Interferencia.** Pueden darse interferencias entre todos los procesos que se ejecutan en paralelo y que acceden de manera simultánea a los recursos compartidos del sistema.
- **Sesgo.** El tiempo empleado para una tarea vendrá determinado por el tiempo empleado en el proceso más lento. No puede dividirse una tarea en partes exactamente iguales, por lo que se dice que habrá una distribución *sesgada* de tamaños.

Los sistemas en paralelo están formados por una serie de componentes (procesadores, memoria y discos) que se interconectan a través de una red de conexión. Se distinguen tres tipos de redes:

- **Bus.** Los componentes se encuentra conectados a través de un único bus (canal) de conexión.
- **Malla.** Los componentes se encuentran conectados formando una red reticular en la que los vértices se encuentran ocupados por los componentes.
- **Hipercubo.** Los componentes se alojan en los vértices de una red cúbica tridimensional.

Redes de interconexión

a. Bus   b. Malla   c. Hipercubo

Aplicación práctica

Suponga que trabaja como administrador de una base de datos en una empresa que crece rápidamente cada año, y donde el trabajo principal consiste en el procesamiento de un elevado número de transacciones. ¿Qué sistema elegiría?

SOLUCIÓN

La empresa crece rápidamente, luego el tamaño de la base de datos también crecerá de manera exponencial. Por otro lado el trabajo principal del SGBD consiste en procesar un elevado número de transacciones.

La elección de un sistema en paralelo sería la más adecuada. Estos sistemas son capaces de manejar bases de datos extremadamente grandes, y además pueden procesar gran cantidad de transacciones por segundo.

5.4. Sistemas distribuidos

En estos sistemas la base de datos se almacena en varios ordenadores conectados a través de redes de alta velocidad o líneas telefónicas. Los ordenadores que componen el sistema, también denominados **sitios** o **nodos,** no comparten ni memoria ni discos, y pueden variar en tamaño y función. Además, estos nodos pueden encontrarse en lugares geográficos muy distintos.

Existen dos tipos de transacciones:

- **Transacciones locales.** Cuando se accede a datos del nodo que inició la transacción.
- **Transacciones globales.** Cuando se accede a datos de un nodo distinto o acceso a datos de varios nodos distintitos.

En cuanto a las ventajas que ofrecen los sistemas distribuidos frente a otros:

- Acceso a los datos alojados en **sitios** distintos. Por ejemplo, dos sucursales bancarias.
- Cada sistema es **autónomo,** y por tanto controlado por su propio administrador del sistema.
- **Seguridad** y **disponibilidad** de los datos. Por ejemplo, si falla un nodo los datos pueden encontrarse disponibles a través de otro si se encuentran duplicados.

Sistema distribuido

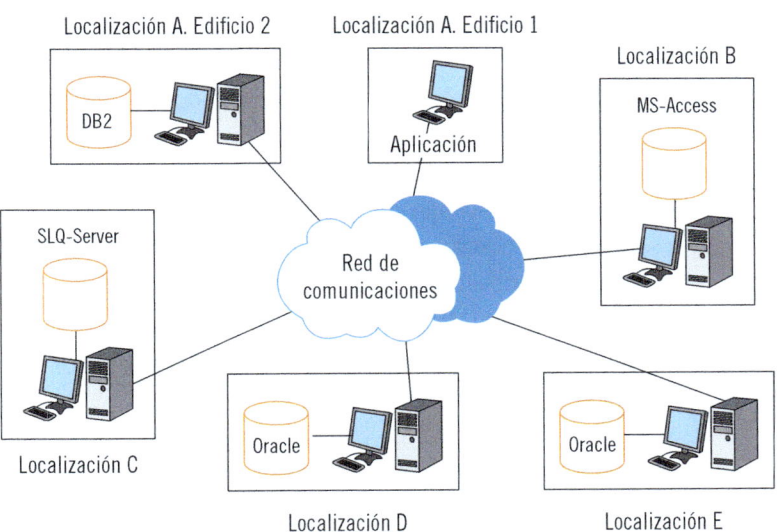

Sabía que...

Existen básicamente dos tipos de redes: redes de área local, en las que los equipos que la componen (ordenadores, discos, impresoras, etc.) se encuentran en áreas geográficas pequeñas (edificios, almacenes, centros de trabajo, etc.), y redes de área amplia, donde los equipos que la componen se encuentran distribuidos en un área geográfica extensa, como puede ser un país, varios o incluso el mundo.

Las **bases de datos distribuidas** pueden almacenar la información de dos maneras: mediante **Réplica** o mediante **Fragmentación.** En la primera el sistema mantiene copias idénticas de la información, y guarda copias en sitios diferentes. En la segunda, la información se divide en fragmentos y se guarda cada fragmento en sitios distintos.

Considerando una relación "r" que hay que almacenar en una base de datos, esta puede **replicarse** dos o más veces, hasta incluso generar una réplica completa para guardar en cada uno de los sitios que componen el sistema.

Las réplicas tienen las siguientes ventajas e inconvenientes:

- **Disponibilidad.** La información se haya en todos los sitios, de manera que si uno falla puede encontrarse en cualquier otro.
- **Paralelismos.** Varios sitios pueden procesar a la vez las lecturas que impliquen una misma relación de datos "r". A mayor número de réplicas, mayor será la probabilidad de que los datos se encuentren en el sitio donde se ejecuta la transacción, minimizándose el movimiento de los datos.
- **Sobrecarga.** Cada vez que se actualiza una relación de datos esta ha de propagarse a todos los sitios que contengan réplicas, lo que puede ocasionar una sobrecarga en el sistema.

Cuando una relación "r" se **fragmenta** se divide en varios fragmentos (r_1, r_2,...,r_n) de manera que la reunión de estos fragmentos permite la reconstrucción de la información contenida en "r".

Existen tres formas principales de fragmentación:

- **Fragmentación horizontal.** Cada uno de los fragmentos r_1, r_2, ..., r_n, ha de contener al menos una **tupla** (fila de una tabla de datos) de la relación.

Fragmentación horizontal

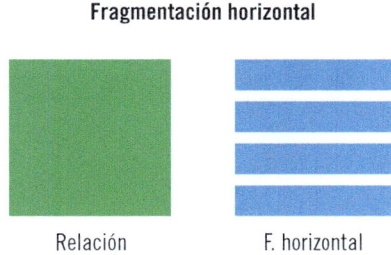

Relación　　　　　　F. horizontal

Se utiliza para conservar las tuplas en los sitios que más se emplean y disminuir así la transferencia de datos.

- **Fragmentación vertical.** La relación se va a dividir en un conjunto de relaciones más pequeñas de manera que las aplicaciones únicamente hagan uso de un fragmento, minimizándose el tiempo de ejecución de las aplicaciones que emplean esos fragmentos.

Fragmentación vertical

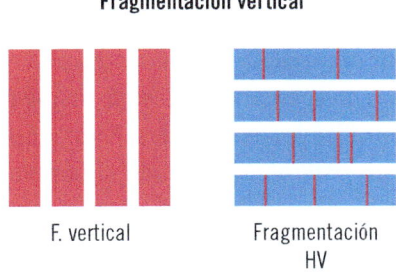

F. vertical　　　　Fragmentación
　　　　　　　　　　HV

- **Fragmentación mixta.** Es una combinación de las dos anteriores.

Fragmentación mixta

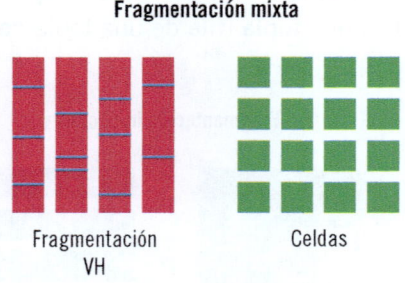

Fragmentación
VH

Celdas

6. Resumen

Un sistema gestor de bases de datos **(SGBD)** consiste básicamente en un conjunto de datos relacionados entre ellos, y en una serie de aplicaciones o programas mediante los cuales se podrá trabajar con dichos datos.

Los SGBD están diseñados para gestionar gran cantidad de información. Dicha gestión implica un modelo para el almacenaje y conservación de los datos, así como proveer de herramientas adecuadas (lenguajes de definición y manipulación) para el tratamiento de dicha información.

La arquitectura de un SGBD se encuentra altamente influenciada por el sistema informático subyacente donde está instalado el sistema. Los sistemas pueden ser centralizados o cliente-servidor. En los primeros el sistema se ejecuta en un único sistema informático sin interaccionar con ninguna otra computadora, mientras que en los segundos el *servidor* ejecuta trabajos en múltiples máquinas *clientes*.

Ejercicios de repaso y autoevaluación

1. **Un SGBD comprenderá un conjunto de programas que van a permitir la...**

   a. ... redacción, funcionamiento y mantenimiento de una base de datos.
   b. ... creación, alteración, y compactación de una base de datos.
   c. ... creación, administración, funcionamiento, uso y mantenimiento de una base de datos.
   d. Todas las opciones son incorrectas.

2. **Indique si las siguientes afirmaciones son verdaderas o falsas.**

   a. El objetivo primordial de un SGBD es proveer de una herramienta adecuada para extraer y almacenar la información contenida en la base de datos.

   ☐ Verdadero
   ☐ Falso

   b. Los sistemas tradicionales de ficheros también son conocidos como sistemas orientados a la gestión de bases de datos.

   ☐ Verdadero
   ☐ Falso

3. **Los sistemas tradicionales de ficheros...**

   a. ... cuentan con numerosas aplicaciones, cada una destinada a la realización de determinadas operaciones.
   b. ... almacenan los datos en archivos dentro de diferentes unidades de almacenamiento.
   c. .. cada programa gestiona y almacena sus propios datos.
   d. Todas las opciones son correctas.

4. Los SGBD utilizan...

    a. ... Lenguajes de Definición de Datos LDD.
    b. ... Lenguajes de Definición de Programas LDP.
    c. ... Lenguajes de Manipulación Definidos LMD.
    d. ... Lenguajes de Manipulación de Programas LMP.

5. Indique si las siguientes afirmaciones son verdaderas o falsas.

    a. Los componentes principales de una base de datos son los datos, *hardware, software* y usuarios.

        ☐ Verdadero
        ☐ Falso

    b. Los usuarios de un SGBD únicamente pueden ser expertos informáticos.

        ☐ Verdadero
        ☐ Falso

6. Complete el siguiente párrafo con las palabras correctas.

En los sistemas de _____ se pueden observar dos estructuras distintas: la _____ y la _____. La lógica es la que ve el _____ y la física es la forma en la que se almacenan los datos.

7. ¿Qué se pretende con la introducción en los SGBD del denominado nivel conceptual o estructura lógica global?

    _____
    _____

8. Los niveles de abstracción de un SGBD son:

    a. Interno, externo y superior.
    b. Externo, conceptual e inferior.
    c. Conceptual, material y lógico.
    d. Externo, conceptual e interno.

9. **Respecto a la estructura física...**

    a. ... es muy dependiente de cada SGBD.
    b. ... no va a depender del SGBD con el que se esté trabajando.
    c. ... dependerá del nivel lógico.
    d. ... dependerá del sistema operativo del ordenador.

10. **Complete el siguiente párrafo con las palabras correctas.**

El _____ _____ _____ es el responsable de relacionar los datos de _____ _____ en la base de datos y los programas de aplicación y consultas.

11. **Indique si las siguientes afirmaciones son verdaderas o falsas.**

    a. El diccionario de datos almacena la estructura de la base de datos y su esquema.

        ☐ Verdadero
        ☐ Falso

    b. Los índices tienen como función proporcionar un acceso rápido a los datos.

        ☐ Verdadero
        ☐ Falso

12. Complete el siguiente esquema.

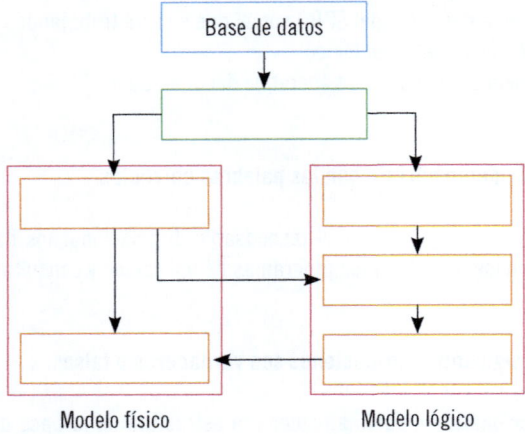

13. Nombre las arquitecturas que pueden encontrarse para los diferentes SGBD.

14. En los sistemas en paralelo pueden encontrase hasta tres tipos de redes. Indique cuáles.

    a. Bus, malla y cónica.
    b. Bus, hipermalla y cúbica.
    c. Hiperbus, malla y cúbica.
    d. Todas las opciones son incorrectas.

15. Las formas de almacenamiento de la información son:

    a. Réplica y cúbica.
    b. Cúbica y fragmentada.
    c. Completa y fragmentada.
    d. Réplica y fragmentada.

Capítulo 2
Lenguajes de definición, manipulación y control

Contenido

1. Introducción

El lenguaje relacional se encuentra constituido por:

- Un Lenguaje de Definición de Datos DDL *(Data Definition Language).*
- Un Lenguaje de Manipulación de Datos DML *(Data Manipulation Language).*
- Un Lenguaje para el Control y Seguridad de los Datos DCL *(Data Control Language).*

Estos tres lenguajes definen un conjunto de operaciones básicas conocidas como **álgebra relacional,** las cuales permiten al usuario especificar las peticiones fundamentales de recuperación, cuyo resultado es una nueva relación constituida por una o más relaciones que pueden ser manipuladas más adelante utilizando operaciones del mismo álgebra.

Las primeras implementaciones comerciales del modelo relacional datan de los años 80, y desde entonces han sido implementadas en muchos Sistemas Gestores de Bases de Datos (SGBD). Los SGBD relacionales más populares actualmente son *Db2* e *Informix Dynamic Server* (de IBM), *Oracle, MySQL, SQL Server y Access.*

El lenguaje *SQL* o lenguaje de consulta estructurado *(Structured Query Language)* es actualmente el estándar de los SGBD relacionales comerciales. Se trata de un lenguaje de bases de datos normalizado que permite crear y manipular bases de datos, además de la creación de consultas con las que obtener información proveniente o alojada en una base de datos.

El lenguaje se compone de cláusulas, operadores, comandos y funciones de agregado que se combinan con instrucciones y sentencias para la creación, actualización y manipulación de los datos de la base de datos.

2. Conceptos básicos, nociones y estándares

La metodología orientada a datos, también conocida como modelo lógico de datos, se centra en los datos que componen un sistema y en las relaciones que se establecen entre ellos.

El modelo **Entidad-Relación** es una técnica utilizada por las metodologías orientadas a datos. Fue propuesto por Peter Chen en el año 1976.

El objetivo es modelizar las estructuras de datos lógicos o **entidades** y las **relaciones** entre ellas. Se ha de establecer un **modelo conceptual** transformando los objetos con los que se va a trabajar en entidades (tablas), atributos (propiedades) y relaciones.

 Nota

El concepto relación es un término matemático para tabla. De manera informal es común tratar los conceptos relación y tabla como si fuesen sinónimos.

Las **bases de datos relacionales** o **sistemas relacionales** se basan en una teoría matemática denominada modelo relacional de datos. La información alojada en una base de datos relacional es percibida por el usuario como estructurada en una serie de tablas. Estas tablas han de satisfacer ciertas restricciones de integridad. Además los datos contenidos en estas tablas pueden ser manipulados por el usuario, por ejemplo, para fines de recuperación de datos.

? **Sabía que...**

Los principios del modelo relacional fueron establecidos por F.Codd en el año 1969-70. A finales de 1968 descubrió que las matemáticas podían ser útiles para dar principios sólidos y de cierto rigor al campo de la administración de bases de datos.

Se han de tener en cuenta los siguientes conceptos:

- Relación: equivale a una tabla.
- Tupla: cada una de las filas de una relación o tabla. No pueden existir dos filas o tuplas iguales.
- Atributo: nombre que identifica cada dominio de una relación. También se llama nombre de campo. Al considerar una relación como si fuese una tabla los atributos son los nombres que se dan a las columnas de la tabla.
- Clave: se emplea para identificar de forma unívoca cada fila de la tabla. Puede estar formada por una columna o una combinación de columnas. Existen diversos tipos:

  - **Primarias *(PRIMARY KEY).*** Es la clave primera o principal que se utiliza para ordenar la relación. Puede ser el DNI, número de factura, etc. La clave primaria no puede contener atributos con valores nulos.
  - **Clave secundaria.** Es otro atributo que establece una forma de ordenar diferente a la dada por la clave principal (nombre, dirección, etc.).
  - **Clave foránea.** Está compuesta por los atributos pertenecientes a una relación R1, y que a su vez coinciden con la clave primaria de otra relación R2. Mediante esta clave la relación R1 puede interrelacionarse con la relación R2.

- Dominio: conjunto de valores de donde se toman los valores de atributos específicos de relaciones específicas, es decir, un domino no es más que un tipo de datos. Pueden utilizarse las palabras tipo y dominio de manera indistinta.

2.1. Nociones sobre los tipos de datos en SQL

En *SQL* existen diferentes **tipos de datos** para los atributos:

- Tipo numérico. Está formado por números enteros de varios tamaños, **INTEGER** o **INT** y **SMALLINT,** así como números con decimales (números en coma flotante), **FLOAT** o **REAL,** y **DOUBLE PRECISION.** Los atributos que contienen datos de este tipo contienen normalmente cuentas, cantidades, edades, etc.
- Tipo de datos de cadenas de caracteres. Pueden ser de longitud fija: **CHAR(n)** o **CHARACTER(n),** donde "n" es la cantidad de caracteres, o de longitud variable: **VARCHAR(n), CHAR VARYING(n), CHARACTER VARYING(n),** siendo "n" la cantidad máxima de caracteres. Los datos de cadenas de caracteres se han de encerrar entre comillas simples (por ejemplo, 'García, José', 'Málaga'). El tipo de datos carácter está formado por todos los caracteres del alfabeto incluyendo letras, números y símbolos especiales.
- Tipo de datos de cadena de bits. Puede ser de longitud fija, **BIT(n),** o de longitud variable, **BIT VARYING(n),** donde "n" es la cantidad máxima de bits. El valor predeterminado para "n" es de 1. Las cadenas de bits se escriben entre comillas pero precedidas de la letra "B" para distinguirlas de las cadenas de caracteres (B'10101'). También existe el dominio o tipo **BINARY LARGE OBJECT** o **BLOB** para las columnas que contengan valores binarios grandes, como pueden ser las imágenes.
- Tipo de datos booleano. Puede tener los valores **TRUE** (verdadero), **FALSE** (falso) y **UNKNOWN** (desconocido) para valores nulos.
- Tipos de datos de fecha y hora. *SQL* solo permite fechas y horas válidas. Los valores se representan mediante cadenas de caracteres entre comillas simples precedidas de la palabra clave **DATE** o **TIME,** por ejemplo, **DATE** '2007-07-07' o **TIME** '20:30:00'. Está formado por los tipos de datos:

- ▎**DATE.** Sus componentes son año, mes y día, según la forma AAAA-MM-DD.
- ▎**TIME.** Sus componentes son horas, minutos y segundos en la forma HH:MM:SS.
- ▎**TIME(i).** Especifica i + 1 posiciones adicionales para **TIME** (una posición para un carácter separador adicional, e i posiciones para especificar las fracciones decimales de un segundo).
- ▎**TIME WITH TIME ZONE.** Cuenta con seis posiciones para especificar la hora respecto a la zona horaria universal estándar. Si no se incluye se toma como valor predeterminado la zona horaria local de la sesión de *SQL*.

- ■ Tipo de datos de marca de tiempo **(TIMESTAMP).** Cuenta con los campos **DATE** y **TIME,** más un mínimo de seis posiciones para fracciones decimales de segundos y un calificador **WITH TIME ZONE** opcional. Como en el caso anterior, los valores se representan entre comillas simples precedidos de la palabra **TIMESTAMP** en este caso, y con un espacio en blanco entre la fecha y la hora. Por ejemplo, **TIMESTAMP** '2007-07-07 20:30:00 747474'.
- ■ Tipo de datos de intervalos **(INTERVAL).** Se utiliza para incrementar o reducir el valor absoluto de una fecha, hora o marca temporal. Los intervalos pueden ser año/mes o día/hora.

 Nota

Los tipos de datos DATE, TIME y TIMESTAMP pueden ser considerados como un tipo especial de cadena, y por tanto pueden utilizarse en comparaciones de cadena si son previamente convertidos en sus cadenas equivalentes.

SQL permite la creación de dominios mediante la sentencia **CREATE DO-MAIN.** El nombre del dominio puede utilizarse en la especificación del atributo, de manera que esto hace más fácil cambiar el tipo de datos utilizado por numerosos atributos de una relación, ya que simplemente habrá que cambiar el tipo de datos del dominio. Por ejemplo, **CREATE DOMAIN** nDNI **AS** CHAR(9).

Actividades

1. Establezca a qué tipos de datos corresponden los siguientes valores: 6789065, 999,65, 'Juan Gómez', '2013-10-10', '08:30:00'.
2. Cree dominios para los datos de la actividad anterior.

2.2. Estándares SQL

SQL, que originalmente se llamaba SEQUEL *(Structured English QUEry Language)*, fue concebido por IBM para el sistema de bases de datos relacionales SYSTEM R. La evolución de SQL ha estado marcada por estándares sucesivos que han buscado mejorar y ampliar su funcionalidad. La colaboración entre el Instituto Nacional Americano de Normalización (ANSI) y la Organización Internacional para la Normalización (ISO) ha sido fundamental en el desarrollo de estos estándares.

La primera versión estandarizada fue SQL-86 o SQL1, lanzada en 1986. Sin embargo, al no cubrir todas las necesidades de los desarrolladores, se revisó para dar lugar a SQL2 o SQL-92, presentado en 1992. Esta versión se convirtió en el estándar más ampliamente adoptado en la mayoría de los Sistemas de Gestión de Bases de Datos (SGBD) comerciales, siendo respaldado de manera generalizada.

Posteriormente, se produjo la revisión conocida como SQL-99, que se presentó como una mejora y extensión del estándar SQL2. Esta revisión buscaba abordar las limitaciones y añadir nuevas características que respondieran a las demandas emergentes en el ámbito de las bases de datos.

La evolución continua de los estándares SQL refleja la dinámica cambiante de las tecnologías de bases de datos y las necesidades de los desarrolladores, así como la importancia de mantener la compatibilidad y la coherencia en el acceso y manipulación de datos en entornos diversos.

La adopción y actualización de estándares SQL son relevantes para garantizar la consistencia y portabilidad en el desarrollo de aplicaciones y sistemas que hacen uso de bases de datos relacionales. Cada revisión busca mejorar la funcionalidad, la eficiencia y la interoperabilidad de SQL en el cambiante panorama de la tecnología de bases de datos.

Los niveles de conformidad con los estándares SQL indican en qué medida un sistema de gestión de bases de datos (DBMS) cumple con las especificaciones y normativas establecidas por los estándares SQL. A lo largo del tiempo, ha habido varios estándares SQL, y los niveles de conformidad a menudo se asocian con versiones específicas de estos estándares. Algunos de los niveles de conformidad más comunes incluyen:

- **SQL-86 (SQL1):** fue la primera versión del estándar SQL y se publicó en 1986. Muchos de los conceptos básicos de SQL se introdujeron en esta versión, pero era limitada en funcionalidad en comparación con las versiones posteriores.
- **SQL-89 (SQL2):** publicado en 1989, esta versión mejoró y amplió SQL-86, pero aún carecía de ciertas características importantes que se encuentran en versiones más recientes.
- **SQL-92 (SQL2):** también conocido como SQL-92, esta versión fue adoptada como estándar por ANSI e ISO. Se publicó en 1992 y estableció muchas de las características que son comunes en los sistemas de bases de datos actuales, como INNER JOIN, OUTER JOIN, y la cláusula ORDER BY.
- **SQL:1999 (SQL3):** introdujo mejoras significativas, incluida la capacidad de definir procedimientos almacenados, funciones y otros elementos que van más allá de la manipulación de datos básica.
- **SQL:2003 (SQL3):** continuó las mejoras introducidas en SQL:1999 y agregó funcionalidades como expresiones regulares y soporte para tipos de datos XML.

- **SQL:2008:** se centró en la mejora de la portabilidad entre diferentes sistemas de bases de datos y la estandarización de funciones específicas.
- **SQL:2011:** se centró en la compatibilidad con las ediciones anteriores y en la resolución de ambigüedades en las especificaciones anteriores.
- **SQL:2016:** introdujo nuevas características, incluido el soporte para JSON, operaciones temporales y mejoras en la interoperabilidad con bases de datos NoSQL.
- **SQL:2019:** la versión más reciente a la última actualización en enero de 2022. Se centra en mejoras en la persistencia de datos, la seguridad y la integración con lenguajes de programación.

Es importante destacar que no todos los sistemas de gestión de bases de datos implementan todos los aspectos de cada estándar. Algunos pueden cumplir con versiones específicas del estándar y pueden tener extensiones propias o características únicas. Además, la adopción de características específicas puede variar entre los proveedores de DBMS. La elección de un nivel de conformidad específico depende de las necesidades y requisitos particulares de cada aplicación y entorno.

3. Lenguaje de definición de datos (DDL SQL) y aplicación en SGBD actuales

El conjunto de instrucciones *SQL* contenidas en su Lenguaje de Definición de Datos (LDD) son las responsables de realizar las modificaciones en la estructura de la base de datos.

Las instrucciones LDD pueden:

- Crear y definir tablas.
- Eliminar tablas.
- Modificar una tabla creada previamente.
- Crear vistas.
- Crear índices.
- Controlar el almacenamiento físico de los datos.

Las instrucciones del lenguaje de definición de datos manipulan objetos abstractos de la base de datos como tablas y columnas, aislando al usuario de los detalles de cómo se almacenan estos datos físicamente en la base de datos.

Algunas instrucciones existentes en el LDD se emplean para controlar el almacenamiento físico de los datos. Estas instrucciones varían dependiendo del SGBD con el que se esté trabajando.

Existen tres sentencias fundamentales que forman el núcleo del LDD:

- **CREATE.** Se emplea para crear un objeto de la base de datos o incluso la misma base de datos.
- **DROP.** Se utiliza para borrar un objeto de la base de datos o la propia base de datos.
- **ALTER.** Utilizada para realizar modificaciones en los objetos de la base de datos.

La estructura de la base de datos es **dinámica,** lo que implica que el SGBD puede crear, modificar o eliminar objetos de la base de datos mientras se ofrece a la vez acceso a los datos a todos los usuarios. Esto también conlleva que las tres sentencias básicas **(CREATE, DROP y ALTER)** puedan ejecutarse a la vez.

 Nota

Los sistemas anteriores no relacionales no permitían este trabajo simultáneo y había que detener el SGBD antes de poder modificar su estructura.

Las bases de datos relaciones pueden, por tanto, crecer y modificarse fácilmente a lo largo del tiempo.

Aunque *SQL* cuenta tanto con instrucciones LDD como LMD, ambas mantienen una separación únicamente conceptual, y pueden entremezclarse libremente para ser usadas en una sesión *SQL* o por aplicaciones de programación *SQL*. Cualquier usuario puede crear, añadir, o manipular datos en cualquier momento. En los sistemas anteriores la estructura de la base de datos se creaba al principio y no podía alterarse.

4. Discriminación de los elementos existentes en el estándar SQL-92 de otros elementos existentes en bases de datos comerciales

El lenguaje *SQL* estándar *(SQL-92* o *SQL2)* surgió en el año 1992 para cubrir todas las necesidades de los desarrolladores que no estaban soportadas por el anterior *SQL1* o *SQL-86.*

SQL especifica aquellas partes del LDD que son relativamente independientes de las estructuras de almacenamiento físico. Casi todos los SGBD actuales incorporan ampliaciones significativas del LDD estándar de *SQL* para corregir estas deficiencias.

Las sentencias **CREATE, DROP y ALTER** son los principales componentes del lenguaje de definición de datos. Todos los SGBD cuentan con instrucciones basadas en estas tres sentencias, que además se utilizan para añadir instrucciones LDD que crean, eliminan y modifican otros objetos de la base de datos propios de un SGBD en concreto.

Ejemplo

El SGBD *Sybase* fue el primero en utilizar algunas herramientas comunes en los SGBD actuales, como son los *triggers* y los procedimientos almacenados. Para manejar estos dos nuevos objetos de la base de datos *Sybase* tuvo que añadir las instrucciones **CREATE TRIGGER** y **CREATE PROCEDURE**, además de las correspondientes sentencias **DROP**.

Existe un acuerdo entre las diferentes marcas de SGBD según el cual:

- Han de emplearse las instrucciones **CREATE, DROP y ALTER** según se cree, borre o modifique el objeto de la base de datos.
- A continuación de la instrucción se ha de nombrar el tipo de objeto sobre el que va a actuarse.
- La última palabra ha de ser el nombre del objeto. Este ha de obedecer las instrucciones sobre las denominaciones de objetos de *SQL.*

Las siguientes palabras que pueden ir en la instrucción van a depender de cada SGBD y no siguen ningún estándar, por lo que habrá que recurrir en cada caso a la documentación existente relativa al SGBD con el que se esté trabajando.

Las siguientes tablas muestran diferencias entre el estándar *SQL* y distintos SGBD para cada sentencia de *SQL.*

Instrucciones incluidas en la mayoría de SGBD	
Instrucción SQL	Objeto gestionado
CREATE/DROP/ALTER TABLE	TABLA
CREATE/DROP/ALTER VIEW	VISTA
CREATE/DROP/ALTER INDEX	ÍNDICE

Instrucciones incluidas en DB2	
Instrucción SQL	Objeto gestionado
CREATE/DROP ALIAS	ALIAS PARA UNA TABLA O VISTA
CREATE/DROP/ALTER BUFFERPOOL	BÚFERES DE E/S UTILIZADOS POR DB2
CREATE/DROP DISTINCT TYPE	TIPO DE DATOS DISTINTO
CREATE/DROP FUNCTION	FUNCIÓN
CREATE/DROP/ALTER NODEGROUP	GRUPO DE PARTICIONES O NODOS DE LA BASE DE DATOS

Continúa en página siguiente >>

<< Viene de página anterior

Instrucciones incluidas en DB2

Instrucción SQL	Objeto gestionado
DROP PACKAGE	MÓDULO DE ACCESO A PROGRAMAS DE DB2
CREATE/DROP PROCEDURE	PROCEDIMIENTO ALMACENADO
CREATE/DROP SCHEMA	ESQUEMA DE LA BASE DE DATOS
CREATE/DROP/ALTER TABLESPACE	ESPACIO DE TABLAS, ÁREA DE ALMACENAMIENTO PARA DATOS
CREATE/DROP TRIGGER	TRIGGER O DISPARADOR

Instrucciones incluidas en Microsoft SQL Server

Instrucción SQL	Objeto gestionado
CREATE/DROP/ALTER DATABASE	BASE DE DATOS
CREATE/DROP DEFAULT	VALOR PREDETERMINADO DE LA COLUMNA
CREATE/DROP/ALTER PROCEDURE	PROCEDIMIENTO ALMACENADO
CREATE/DROP RULE	REGLA DE INTEGRIDAD DE LA COLUMNA
CREA TE SCHEMA	ESQUEMA DE LA BASE DE DATOS
CREATE/DROP/ALTER TRIGGER	TRIGGER O DISPARADOR

Instrucciones incluidas en Oracle

Instrucción SQL	Objeto gestionado
CREA TE/DROP CLUSTER	AGRUPACIÓN DE TABLAS PARA AJUSTE DEL RENDIMIENTO
CREATE DATABASE	BASE DE DATOS DE ORACLE
CREATE/DROP DATABASE LINK	ENLACE DE RED PARA ACCESO REMOTO A LAS TABLAS
CREATE/DROP DIRECTORY	DIRECTORIOS DEL SISTEMA OPERATIVO PARA ALMACENAMIENTO DE OBJETOS DE GRAN TAMAÑO
CREATE/DROP/AL TER FUNCTION	FUNCIÓN

Continúa en página siguiente >>

<< Viene de página anterior

Instrucciones incluidas en Oracle	
Instrucción SQL	**Objeto gestionado**
CREATE/DROP LIBRARY	FUNCIONES EXTERNAS QUE PUEDEN LLAMARSE DESDE PL/SQL
CREATE/DROP/ALTER PACKAGE	GRUPO DE PROCEDIMIENTOS DE PL/SQL QUE PUEDEN COMPARTIRSE
CREATE/DROP/ALTER PROCEDURE	PROCEDIMIENTO ALMACENADO DE ORACLE
CREATE/DROP/ALTER PROFILE	LÍMITES DEL USO DE RECURSOS POR LA BASE DE DATOS
CREATE/DROP/ALTER ROLE	ROL DE USUARIO EN LA BASE DE DATOS
CREATE/DROP/ALTER ROLLBACK SEGMENT	ÁREA DE ALMACENAMIENTO PARA LA RECUPERACIÓN DE LA BASE DE DATOS
CREATE SCHEMA	ESQUEMA DE LA BASE DE DATOS
CREA TE/DROP/ ALTER SEQUENSE	SECUENCIA DE VALORES DEFINIDA POR EL USUARIO
CREATE/DROP/ALTER SNAPSHOT	TABLA DE RESULTADOS DE CONSULTAS SOLO PARA LECTURA
CREA TE/DROP SYNONYM	SINÓNIMO (ALIAS) PARA UNA TABLA O UNA VISTA
CREATE/DROP/ALTER TABLESPACE	ESPACIO DE TABLAS, ÁREA DE ALMACENAMIENTO PARA DATOS DE ORACLE
CREATE/DROP/ ALTER TRIGGER	TRIGGER O DISPARADOR
CREATE/DROP TYPE	TIPO DE DATOS ABSTRACTO
CREATE/DROP TYPE BODY	MÉTODOS PARA UN TIPO DE DATOS ABSTRACTO
CREATE/DROP/ALTER USER	ID DE USUARIO

Instrucciones especificadas por el estándar ANSI/ISO de SQL	
Instrucción SQL	**Objeto gestionado**
CREATE/DROP ASSERTION	RESTRICCIÓN DE COMPROBACIÓN PARA TODO EL ESQUEMA
CREATE/DROP CHARACTER SET	CONJUNTO DE CARACTERES
CREATE/DROP COLLATION	SECUENCIA DE ORDENAMIENTO DEL CONJUNTO DE CARACTERES
CREATE/DROP/ALTER DOMAIN	ESPECIFICACIÓN DE LOS VALORES VÁLIDOS DE LOS DATOS
CREATE/DROP SCHEMA	ESQUEMA DE LA BASE DE DATOS
CREATE/DROP TRANSLATION	CONVERSIÓN ENTRE CONJUNTOS DE CARACTERES

Diferencias existentes entre el estándar SQL y distintos SGBD para cada sentencia de SQL. (Fuente: James R. Groff, Paul N. Weinberg: Manual de referencia SQL, Mc-Graw Hill, 2003).

Actividades

3. Reflexione sobre si se puede utilizar exactamente la misma sintaxis para una sentencia CREATE TABLE en cualquier SGBD.
4. Averigüe algunas diferencias existentes entre el estándar *SQL* y el SGBD *MySQL*.

5. Sentencias de creación: CREATE

La sentencia **CREATE** es el principal comando de *SQL* para definir datos. Se emplea para crear la propia base de datos o esquema *(shema,* en inglés), tablas, dominios, vistas, procedimientos y *triggers*.

5.1. Bases de datos

En la instalación de un SGBD para un gran sistema informático a nivel empresarial, el administrador de la base de datos es el responsable único de la creación de bases de datos nuevas. Lo más frecuente es que las bases de datos se creen de forma centralizada, y posteriormente se agreguen los usuarios que van a tener acceso a ella.

Importante

Una base de datos está formada por un conjunto de relaciones o tablas, y para distinguirlas se utiliza un nombre diferente para cada conjunto. En el sistema operativo cada base de datos se guarda en un directorio diferente.

Antes del estándar o versión actual más extendida de *SQL (SQL2* o *SQL-92)* no se incluía el concepto de esquema de base de datos, de manera que todas las tablas se consideraban parte de un único esquema. El concepto se añadió en el estándar *SQL2* para agrupar todas las tablas y estructuras que pertenecieran a la misma aplicación de base de datos.

Para crear una base de datos cada SGBD de los que se emplean hoy en día puede utilizar un enfoque diferente. Pueden encontrarse las siguientes bases de datos:

- *DB2:* las bases de datos *DB2* de IBM se definen mediante la instalación del *software DB2* en un sistema informático concreto.
- *Oracle:* la base de datos se crea durante el proceso de instalación del *software* de *Oracle.* Las tablas de la base de datos se localizan en una única base de datos que abarca el sistema al completo. La base de datos se asocia a una copia concreta del *software* de servidor de *Oracle.* Las versiones más recientes incorporan una instrucción **CREATE DATABASE** para definir nombres de bases de datos.
- *SQL Server* de *Microsoft:* incluye la instrucción **CREATE DATABASE** como parte de su lenguaje de definición de datos.
- *MySQL:* al igual que *SQL SERVER* emplea el comando **CREATE DATA-BASE.**

Recuerde

Entre las distintas marcas de SGBD existen algunas diferencias en la sintaxis para los diferentes comandos y sentencias o instrucciones que forman parte del lenguaje de definición y manipulación de datos.

La sentencia tiene como forma general:

```
CREATE {DATABASE | SCHEMA} 'nombre_bd'
[USER 'usuario' [PASSWORD 'contraseña']]
[DEFAULT CHARACTER SET <conjunto caracteres>]
```

Nota

La utilización de determinados símbolos es habitual cuando se explican comandos y sentencias en informática. Estos tienen un significado concreto:

▍ Llaves { }: las distintas opciones presentadas entre llaves son de uso obligatorio. Se emplean cuando existe más de una disponible.
▍ Barra vertical I: equivale a la disyunción o. Se utiliza para presentar los posibles comandos que pueden emplearse y entre los que se ha de elegir.
▍ Corchetes [ ]: delimitan instrucciones que son opcionales.
▍ Tres puntos (…): indican que la opción se puede repetir.

Para referirse a una base de datos puede usarse tanto **DATABASE** como **SHEMA.**

Mediante **'ruta fichero'** se indica el directorio donde se alojará la base de datos.

Toda base de datos tiene un propietario que será el usuario con el que se realizó la conexión o el usuario indicado en la cláusula **USER.**

La cláusula **CHARACTER SET** especifica el conjunto de caracteres por defecto empleado en la base de datos. Normalmente se emplea ISO8859_1, que corresponde a europeo occidental con codificación en un *byte*.

Importante

Existen multitud de alfabetos y sistemas de escrituras con varios miles de caracteres junto con gran variedad de símbolos especiales y de puntuación. La cláusula CHARACTER SET se emplea para establecer el estándar internacional utilizado para el conjunto de caracteres usado en la base de datos, y de cómo deben ser codificados. Algunos ejemplos son: ISO8859-1 *(West European),* ISO8859-2 *(Central European),* ASCII, UTF-8, UTF-16, etc.

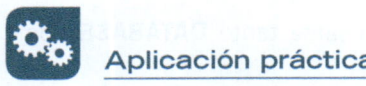

Aplicación práctica

El director de la empresa para la que trabaja como administrador de bases de datos le pide que cree una nueva base de datos denominada "Pedidos". ¿De qué manera debe proceder?

SOLUCIÓN

En función del SGBD empleado por la empresa la sentencia adecuada para la creación de la base de datos va a presentar ligeras variaciones. Por tanto, en primer lugar, habrá que asegurarse de la sintaxis correcta que se tiene que utilizar para la creación de la base de datos.

Una vez hecho esto se localizan los usuarios que tendrán acceso a la misma para darlos de alta en el momento de la creación. Igualmente, también se deberá prever el conjunto de caracteres adecuado para la nueva base de datos.

Ejemplo

Crear la base de datos de nombre PRUEBA en la ruta C:\web\database. Utilizando la sentencia CREATE DATABASE: **CREATE DATABASE 'c:\web\database\prueba'**

5.2. Tablas

Las tablas son las estructuras más importantes en las bases de datos relacionales. Una vez creada la base de datos el siguiente paso consiste en la generación de las tablas necesarias para contener los datos. Posteriormente, a medida que el trabajo se vaya realizando puede ser necesario crear nuevas tablas. Estas pueden ser temporales o permanentes. Las tablas son creadas y eliminadas para adaptarse a las necesidades que vayan surgiendo.

Mediante el comando **CREATE TABLE** se crea una nueva tabla o relación, y se le asigna un nombre y atributos, así como las restricciones iniciales.

Cuando se crea una tabla primero se ha de nombrar, a continuación se especifican entre paréntesis sus atributos (columnas de la tabla) asignándoles a cada uno un nombre, el tipo de datos y cualquier restricción que pueda tener, como **NOT NULL** (no nulo). Finalmente, una vez declarados los atributos pueden declararse las restricciones: de clave, de integridad de entidad o de integridad referencial.

Se muestra un ejemplo:

```
CREATE TABLE CLIENTES
(Nombre VARCHAR (15) NOT NULL,
Apellido VARCHAR (15) NOT NULL,
Dni CHAR (9) NOT NULL,
CodCliente INT NOT NULL,
Dirección VARCHAR (50),
Población VARCHAR (20),
Teléfono INT,
CZona INT DEFAULT 1,
PRIMARY KEY (Dni),
UNIQUE (Dni),
CONSTRAINT cliR1 UNIQUE (CodCliente),
FOREIGN KEY (CZona) REFERENCES ZONAS(CZona));
```

En este ejemplo se ha creado la tabla "Clientes" compuesta de los atributos: Nombre, Apellido, Dni, CodCliente (código de cliente), Dirección, Población, Teléfono y CZona (código de zona). Para cada atributo se ha especificado el tipo de datos (**VARCHAR, CHAR, INT,** etc.) así como las posibles restricciones.

La restricción **NOT NULL** indica que ese campo no puede quedar en blanco, debiendo contener algún valor. Puede especificarse un valor predeterminado. Si no fuese así se proporcionará uno mediante la cláusula **DEFAULT.** En el ejemplo se asigna un valor predeterminado para CZona (1). Aquellos atributos que no tienen un valor predeterminado asignado, y que no tienen la restricción **NOT NULL,** tendrán como valor predeterminado **NULL.**

Pueden restringirse los valores a adoptar por un atributo mediante la cláusula **CHECK**. Por ejemplo, si los CZona se encuentran entre 1 y 10 (solo existen 10 zonas distintas posibles), entonces la declaración del atributo CZona queda:

```
CZona INT NOT NULL CHECK (CZona > 0 AND CZona < 11);
```

La restricción **PRIMARY KEY** indica qué atributo es la clave primaria de la tabla. Esta ha de ser de valor único (no puede estar repetido) y además no puede ser nulo.

Recuerde

Los tipos de datos básicos disponibles para los atributos son numéricos, cadenas de caracteres, cadena de bits, booleanos y de fecha u hora.

Mediante la cláusula **UNIQUE** puede indicarse que el índice (clave) no permita valores por duplicado, por lo que no podrán existir dos filas con el mismo valor en esa columna.

La cláusula **CONSTRAINT** se utiliza para definir una restricción que podrá eliminarse en cualquier momento sin necesidad de tener que eliminar la columna. Se asigna un nombre a cada restricción para poder identificarla y así poder eliminarla. Para ser válidos los nombres de las restricciones han de ser únicos en la base de datos.

La cláusula **FOREIGN KEY** indica que la columna es una clave foránea, es decir, los datos contenidos en esa columna constituyen la clave primaria en la tabla indicada por **REFERENCES** (tabla padre).

Una restricción de tipo **FOREIGN KEY** (de integridad referencial) puede violarse cuando se realicen operaciones de eliminación o actualización que modifiquen el valor de un atributo de la **FOREIGN KEY** o de la clave principal. En estos casos *SQL* rechazaría por defecto la operación que provoca la violación de la restricción. Sin embargo, pueden programarse acciones alternativas para estos supuestos. Existen tres opciones que pueden programarse: **SET NULL** (establece el valor a **NULL), CASCADE** (actualiza todos los valores en cascada a todas las tuplas que hacen referencia a la tupla actualizada) y **SET DEFAUL** (se especifica un valor por defecto). Cada una de estas opciones cuenta con las alternativas **ON DELETE** y **ON UPDATE.**

En este ejemplo al atributo CZona se añade una restricción de este tipo:

```
FOREIGN KEY (CZona) REFERENCES ZONAS(CZona) ON DELETE SET DEFAULT
ON UPDATE CASCADE;
```

Con esta restricción en caso de que se realice una operación de borrado **(ON DELETE)** el atributo tomará el valor por defecto, que en este ejemplo es 1. Si la operación es de actualización **(ON UPDATE)** los valores de los atributos se actualizarán en cascada para todas las tuplas que hacen referencia a la tupla que se ha actualizado.

 Aplicación práctica

El director de la empresa *Cloudwalkers,* sru para la que trabaja como administrador de bases de datos le solicita que agregue una nueva tabla a la base de datos con el nombre "Empleados" y que tenga los siguientes campos (columnas):

- NUM_EMP: número de empleado. Este número ha de ser único para cada empleado. También es la clave primaria para la tabla.
- NOMBRE: nombre del empleado.
- EDAD: edad del empleado.

Continúa en página siguiente >>

<< Viene de página anterior

I **OFICINA**: código de la oficina donde trabaja el empleado. Proviene de la tabla "Oficinas" donde el nombre del campo es COD_OFICINA.
I **PUESTO**: puesto que desempeña el empleado.
I **JEFE**: código de jefe. Se coge desde la tabla "Jefes" donde el nombre del campo es COD_JEFE.
I **VENTAS**: es el importe total de ventas efectuado por el empleado.

Al crear la tabla se debe tener en cuenta que al menos los atributos NUM_EMP, NOMBRE y PUESTO no pueden ser nulos, y que por defecto todos tendrán como OFICINA el código de la oficina central que es la que tiene de código uno.

SOLUCIÓN

Al escribir la sentencia para la creación de la tabla se han de tener en cuenta los siguientes aspectos:

I NUM_EMP es la PRIMARY KEY para la tabla. Ha de tener también la restricción UNIQUE puesto que no puede haber dos empleados con el mismo código.
I El atributo OFICINA es una FOREIGN KEY que hace referencia a la tabla "Oficinas". Lo mismo ocurre con el atributo JEFE. El atributo OFICINAS tiene como valor por defecto 1.
I Los atributos NUM_EMP, NOMBRE y PUESTO no pueden ser campos NULOS.

Por tanto, atendiendo a las restricciones, la sentencia debe ser:

```
CREATE TABLE EMPLEADOS
(NUM_EMP INT NOT NULL,
NOMBRE VARCHAR (40) NOT NULL,
EDAD INT,
OFICINA INT DEFAULT 1,
PUESTO VARCHAR (10) NOT NULL,
JEFE INT,
VENTAS INT,
PRIMARY KEY NUM_EMP,
UNIQUE NUM_EMP,
FOREIGN KEY OFICINA REFERENCES OFICINAS (COD_OFICINA),
FOREIGN KEY JEFE REFERENCES JEFES (COD_JEFE);
```

Aplicación práctica

El director de su empresa *Cloudwalkers*, le pide que modifique la definición de la tabla "Empleados" de manera que si se modifica el atributo COD_OFICINA de la tabla "Oficinas" también se modifique en la tabla "Empleados".

Además puede ocurrir que se elimine una oficina en la tabla "Oficinas". En este caso el atributo correspondiente de la tabla "Empleados" ha de tomar el valor por defecto.

¿Cómo debe actuar a la hora de crear la tabla "Empleados" para tener en cuenta estas restricciones?

SOLUCIÓN

Para tener en cuenta estas restricciones en la creación de la tabla "Empleados" se debe cambiar la línea donde se define la restricción **FOREIGN KEY** para el atributo OFICINA por:

```
FOREIGN KEY (OFICINA) REFERENCES OFICINAS (COD_OFICINA)
ON DELETE SET DEFAULT ON UPDATE CASCADE;
```

De esta manera, cuando se actualice la tabla "Oficinas" también se actualizará el campo OFICINA de la tabla "Empleados". Del mismo modo, si se elimina una oficina en la tabla "Oficinas", esa oficina quedará en la tabla "Empleados" con el valor por defecto 1.

5.3. Vistas

Las tablas de las bases de datos definen la estructura y organización de los datos. Las **vistas** permiten ver los datos almacenados en la base de datos de una manera diferente. Las vistas se crean mediante una consulta *SQL* almacenándose de forma permanente en la base de datos. Puede accederse a la vista gracias a su nombre, y tendrá una apariencia semejante al de una tabla real de la base de datos.

Importante

La importancia de las vistas radica en varios motivos:

I Permiten que usuarios diferentes vean la base de datos bajo distintas perspectivas.
I Restringen el acceso a los datos de forma que usuarios diferentes únicamente vean ciertas filas o columnas.
I Su uso simplifica el acceso a la base de datos presentándose los datos con una estructura distinta para cada usuario.

Mediante la sentencia **CREATE VIEW** pueden crearse relaciones virtuales o tablas virtuales (vistas) que pueden corresponder o no con un fichero físico real.

La instrucción **CREATE VIEW** se emplea para crear las vistas a las que asigna un nombre y especifica la consulta sobre la base de datos que define la vista.

Nota

Los usuarios de la base de datos verán los datos en una vista de la misma manera que los verían en una tabla verdadera con una serie de columnas con nombre y filas de datos.

La sintaxis para **CREATE VIEW** es:

```
CREATE VIEW nombrevista AS
SELECT nombrecolumna(s)
FROM nombretabla
WHERE condición;
```

Importante

Al crear una vista se ha de tener permiso de acceso a todas las tablas a las que la consulta va a hacer referencia.

Aplicación práctica

Un grupo de empleados de la empresa para la que trabaja necesita para la elaboración de un proyecto algunos datos presentes en una de las tablas de la base de datos. En concreto, precisan los datos (código, nombre, apellidos y código postal) de los clientes pertenecientes a la provincia de Málaga. Los datos pueden obtenerse de la tabla "Clientes" que tiene los campos: código, nombre, apellido1, apellido 2, dirección, teléfono, código postal, ciudad y provincia.

¿Cómo se debe proceder para extraer únicamente los datos necesarios de la base de datos?

SOLUCIÓN

La mejor forma para extraer solo los datos necesarios es mediante la creación de una vista. Las vistas permiten mostrar una visión parcial de la base de datos a un grupo de usuarios.

Para la creación de la vista hay que ejecutar la sentencia **CREATE VIEW**:

```
CREATE VIEW clientes_Malaga AS
SELECT DISTINCT código, nombre, apellido1, apellido2, cpostal
FROM CLIENTES
WHERE provincia = 'Málaga';
```

5.4. Disparadores o *triggers*

Los *triggers* también conocidos como disparadores o lanzadores, se utilizan cuando es necesario que el sistema ejecute una acción determinada tras un determinado evento.

Un evento puede ser un **INSERT, UPDATE,** o **DELETE** sobre algunas columnas y tablas de la base de datos. La acción es una expresión condicional que será ejecutada si la condición es verdadera cuando sucede el evento.

Nota

Al cambiar los datos de una tabla mediante alguna sentencia INSERT, UPDATE o DELETE el disparador *(trigger)* se activa y el SGBD ejecuta las instrucciones SQL que se encuentran en el cuerpo del *trigger.*

En ocasiones se hace necesario que el sistema realice una acción específica cuando se produzca un evento determinado que satisfaga determinadas acciones. Es en estos casos donde se han de emplear los *triggers.*

Importante

Un *trigger* especifica un evento (por ejemplo una actualización de la base de datos), una condición y una acción.

La sentencia **CREATE TRIGGER** es la utilizada por la mayor parte de los SGBD para definir un disparador en la base de datos.

Se muestra un ejemplo:

```
CREATE TRIGGER nombre_trigger
    before insert on clientes
    for each row
    when (new.ventas is not null)
    begin
       update ventas
          set total_ventas = total_ventas + new.ventas;
    END;
```

Mediante *nombre_trigger* se le asigna un nombre, y con clientes se identifica la tabla a la que el *trigger* está asociado. También se especifica la acción o acciones que producirán que se active el disparador **(INSERT)**. En el cuerpo se le dice al SGBD que por cada nueva fila insertada en la tabla se debe realizar una actualización **(UPDATE)** en la tabla "Ventas".

 Aplicación práctica

El director de su oficina necesita conocer si los gastos de combustible de alguno de los comerciales superan un límite de 500 € mensuales para que pueda recibir un mensaje cuando esto suceda.

¿Qué tipo de proceso debería implementar en la base de datos para que el mensaje se realice de manera automática?

SOLUCIÓN

Se tendría que realizar una monitorización en la base de datos para que cada vez que se produzca la circunstancia de que los gastos de combustible de alguno de los comerciales superen los 500 € se envíe un mensaje al director. La mejor forma para hacerlo es implementando un *trigger* o disparador que realice el informe cuando se produzca el evento establecido (superar el límite de gasto en combustible).

5.5. Procedimientos

Los procedimientos, también conocidos como procedimientos almacenados, son módulos de programa que el sistema gestor de bases de datos almacena en el servidor.

El estándar *SQL* incluye una serie de estructuras de programación de propósito general. Estas estructuras se insertan como una serie de extensiones conocidas como *SQL/PSM,* y se pueden utilizar para escribir procedimientos almacenados. *SQL/PSM* es un lenguaje de programación de bases de datos que amplía el lenguaje *SQL* con algunas estructuras de programación, como sentencias condicionales y bucles.

 Nota

Las siglas PSM significan módulos almacenados persistentes, en inglés, *Persistent Stored Modules.* La palabra persistente hace referencia a que los módulos son almacenados de manera persistente por el SGBD (de forma parecida a como están los datos).

En ocasiones puede resultar útil la creación de módulos de programa **(procedimientos y funciones)** que el sistema gestor de bases de datos almacene y ejecute en el servidor de bases de datos.

La utilidad de los **procedimientos** radica en:

- Mejora la modularidad del *software.* Al poder almacenar un procedimiento en el servidor este podrá ser invocado desde otras aplicaciones, reduciéndose el esfuerzo y disminuyendo las duplicidades.
- Se mejora el coste derivado por transferencias y comunicación de datos entre cliente y servidor.
- Permiten contar con tipos de datos derivados más complejos, lo que mejora la potencia y modelado de las vistas.

La mayoría de los SGBD permiten escribir procedimientos y funciones en un lenguaje de programación de propósito general. De forma global, para declarar un **procedimiento** se realizará de la siguiente manera:

```
CREATE PROCEDURE <nombre_procedimiento> (<parámetros>)
    <declaraciones locales>
    <cuerpo del procedimiento>;
```

Los parámetros y las declaraciones tienen carácter opcional, especificándose únicamente cuando sea necesario.

Por otro lado, las **funciones** necesitan que se determine algún tipo de devolución. Esta se refleja con el comando **RETURNS** a la hora de crear la función. La declaración de una **función** se realiza de la siguiente forma:

```
CREATE FUNCTION <nombre_función> (<parámetros>)
    RETURNS <tipo de devolución>
    <declaraciones locales>
    <cuerpo de la función>;
```

En ocasiones el procedimiento o función se escribe en un lenguaje de programación de propósito general. En estos casos hay que especificar el nombre del fichero donde se va a almacenar el código del programa, además del lenguaje de programación empleado. La sintaxis sería:

```
CREATE PROCEDURE <nombre del procedimiento o función> (<parámetros>)
LANGUAGE <nombre del lenguaje de programación>
EXTERNAL NAME <ruta del fichero>;
```

Para llamar a un procedimiento o función se puede utilizar la sentencia **CALL** que invoca un procedimiento almacenado. La sentencia tiene la siguiente forma:

```
CALL <nombre del procedimiento o función> (<argumentos>);
```

Ejemplo

Puede crearse un procedimiento que obtenga la máxima cotización para un banco determinado y actualice el valor en la tabla a la que se llamará "Bancos".

```
CREATE PROCEDURE ACT_PRE_MAX (banco INTEGER) AS
DECLARE VARIABLE MAXIMO NUMERIC(12,2);
DECLARE VARIABLE VALOR NUMERIC(12,2);
BEGIN
    MAXIMO=0;
    FOR SELECT pre_ac_fe FROM cotizaciones
        WHERE cod_banco=:banco
        INTO :VALOR DO
    BEGIN
        IF (VALOR>MAXIMO) THEN
            MAXIMO=VALOR;
    END
    UPDATE BANCOS SET PRE_MA_AC=:MAXIMO
        WHERE COD_BANCO=:BANCO;
END
```

Actividades

5. Explique cuál es la diferencia fundamental entre procedimiento y función.
6. Señale para qué puede emplearse un *trigger.*

6. Sentencias de modificación: ALTER

La sentencia **ALTER** forma parte del núcleo del lenguaje de definición de datos DDL de *SQL.* Al igual que ocurría con la sentencia **CREATE,** las instrucciones basadas en **ALTER** se utilizan en todas la implementaciones de *SQL* para manipular los objetos de la base de datos. La sentencia **ALTER** se emplea para modificar la definición de un objeto de la base de datos.

Recuerde

Los objetos de una base de datos son las tablas, las consultas, informes, vistas, procedimientos, etc.

6.1. Bases de datos

Para modificar una base de datos debe emplearse la sentencia **ALTER DATABASE.** Esta sentencia permite cambiar las características generales de la base de datos.

En *SQL* la sintaxis para **ALTER DATABASE** es, de forma general:

```
ALTER {DATABASE | SHEMA} nombre_bd
[DEFAULT CHARACTER SET <conjunto caracteres> ];
```

Recuerde

Para los diferentes tipos de SGBD la sintaxis de un comando puede variar de un sistema a otro.

6.2. Tablas

Para cambiar una tabla que se haya creado con anterioridad se debe usar la sentencia **ALTER TABLE.** Mediante esta sentencia se puede:

- Añadir o eliminar una columna.
- Redefinir un valor predeterminado para una columna existente reemplazando el anterior.
- Añadir o eliminar la clave primaria de la tabla.
- Añadir o eliminar una clave externa (clave foránea).
- Añadir o eliminar una nueva restricción de integridad.

Importante

Muchos Sistemas Gestores de Bases de Datos (SGBD) no permiten algunas de estas cláusulas, o bien tienen otras exclusivas de ese SGBD.

La sintaxis del comando **ALTER TABLE** es:

```
ALTER TABLE nombre_tabla
ADD atributo dominio;
```

Donde atributo es el nombre del atributo (columna, clave o restricción) que se desea añadir, y dominio es el dominio del atributo. Para eliminar un atributo se puede utilizar la sentencia:

```
ALTER TABLE nombre_tabla
DROP atributo;
```

En el siguiente ejemplo se añade a la tabla "Artículos" la columna precio medio (destinada a incluir el precio medio de un artículo):

```
ALTER TABLE artículos ADD COLUMN precio_medio FLOAT.
```

Al eliminar una columna se ha de elegir entre **CASCADE** o **RESTRICT.** En el primer caso todas las restricciones y vistas relacionadas con la columna que se va a eliminar se eliminarán también. La segunda opción, **RESTRICT,** impide que se elimine la columna si esta tiene relaciones o restricciones con otros elementos.

El siguiente ejemplo elimina la columna dirección de la tabla "Clientes":

```
ALTER TABLE clientes DROP COLUMN dirección CASCADE.
```

Actividades

7. En el ejemplo anterior la tabla "Clientes" tiene una vista asociada. ¿Se eliminará esta vista al ejecutar la sentencia?

En el ejemplo que se muestra a continuación se añade una clave externa para una tabla ya existente. En este caso se trasforma la columna región de la tabla "Clientes" en una clave foránea de la tabla "Regiones".

```
ALTER TABLE clientes
ADD COLUMN región
FOREIGN KEY (región)
REFERENCES regiones.
```

6.3. Vistas

Una vista puede ser modificada mediante **ALTER VIEW.** En general la sentencia tiene la forma:

```
ALTER VIEW nombrevista AS
SELECT nombrecolumna(s)
FROM nombretabla
WHERE condición;
```

6.4. Disparadores o *triggers*

Cuando existe un uso elevado de la base de datos, como puede ocurrir al cargar datos de manera masiva, puede ser necesario desactivar de forma selectiva el procesamiento de disparadores o *triggers* debido a una excesiva carga de trabajo sobre la base de datos.

Bajo estas condiciones varios SGBD proporcionan la capacidad para habilitar y deshabilitar el procesamiento de algunos disparadores. Por ejemplo, *Oracle* cuenta con la siguiente instrucción para deshabilitar un *trigger* únicamente conociendo su nombre:

```
ALTER TRIGGER nombre_trigger DISABLE;
```

Para volver a habilitarlo se emplea la sentencia:

```
ALTER TRIGGER nombre_trigger ENABLE;
```

6.5. Procedimientos

ALTER es el método de más bajo impacto para cambiar un procedimiento ya que, si no hay dependencias que se vean afectadas, se puede ejecutar sin problemas. Para que se pueda ejecutar debe existir previamente el procedimiento.

Algunos SGBD cuentan también con la sentencia **CREATE OR ALTER,** que crea un procedimiento si no existe. Si ya existe ejecuta una operación **ALTER.**

Dependiendo de si se va a modificar un procedimiento o una función se empleará **ALTER PROCEDURE** o **ALTER FUNCTION.**

La sentencia tiene la sintaxis general:

```
ALTER {PROCEDURE | FUNCTION} nombre_procedimiento
[ características ... ];
```

Las características variarán en función del SGBD empleado, por lo que se deberá consultar el manual para cada SGBD en concreto.

7. Sentencias de borrado: DROP, TRUNCATE

Como ocurría en el caso de las sentencias **CREATE** y **ALTER,** la sentencia **DROP** también pertenece al núcleo del lenguaje de definición de datos (DDL) de *SQL.* Esta sentencia se emplea para eliminar un objeto ya existente de la base de datos.

Por otro lado, la sentencia **TRUNCATE** se utiliza si lo que se quiere es, simplemente, eliminar los datos que contiene el objeto sin quitar el objeto en sí. Por ejemplo, si se quisieran eliminar todos los datos que contiene una tabla sin eliminar la tabla se utilizaría la sentencia **TRUNCATE TABLE** en lugar de **DROP TABLE.**

7.1. Bases de datos

Algunos SGBD que incluyen la instrucción **CREATE DATABASE** también incluyen la anexa **DROP DATABASE.** Esta instrucción se utiliza para eliminar una base de datos creada anteriormente.

Sabía que...

El estándar *SQL2* evita el uso del término base de datos debido a que el concepto tiene asociados varios significados distintos y contradictorios procedentes de los diferentes tipos de SGBD. Por esta razón *SQL2* utiliza preferentemente el término *catálogo* (SHEMA), con el que se describe un grupo o conjunto de tablas que forman la base de datos.

Por ejemplo, mediante el comando **DROP SHEMA** se puede eliminar un esquema (base de datos) completamente. La sentencia tiene dos opciones: **CASCADE** y **RESTRICT.** La primera elimina una base de datos o esquema y todas sus tablas y objetos. Por ejemplo:

```
DROP SHEMA nombre_bd CASCADE;
```

La segunda solo elimina la base de datos si no contiene elementos.

7.2. Tablas

Cuando no se necesita una de las tablas que componen el esquema de la base de datos esta puede eliminarse empleando la sentencia **DROP TABLE.** La sentencia, como ocurría en el caso anterior, cuenta con las opciones **RES-TRICT** y **CASCADE.** La primera elimina la tabla únicamente en el caso de que no se haga referencia a ella desde otro objeto de la base de datos mediante el empleo de la restricción **FOREIGN KEY** o a través de una vista. La segunda opción, **CASCADE,** elimina todas las restricciones y vistas que hacen referencia a la tabla junto a la propia tabla.

Por ejemplo, para eliminar la tabla "Clientes" junto a todas las restricciones que contenga la base de datos asociadas a esta tabla se utilizará la siguiente sentencia:

```
DROP TABLE clientes CASCADE;
```

 **Actividades**

8. Señale qué diferencia existe entre las sentencias DROP y TRUNCATE.
9. Escriba las expresiones necesarias para eliminar la tabla "Direcciones" de la base de datos "Alumnos" junto a todas las restricciones que pueda tener. Escriba también la expresión para eliminar la base de datos completamente.

7.3. Vistas

Cuando una vista que se ha creado con anterioridad, ya no es necesaria, puede eliminarse utilizando el comando **DROP VIEW.** Por ejemplo, para eliminar la vista *Alumnos_rep* puede utilizarse la sentencia *SQL:*

```
DROP VIEW Alumnos_rep;
```

7.4. Disparadores o *triggers*

También puede utilizarse la sentencia **DROP TRIGGER** en aquellos SGBD que así los contemplen para borrar aquellos *triggers* o disparadores creados con anterioridad, y que ya no son necesarios.

Por ejemplo, para borrar el disparador de nombre *Actualización_Horas:*

```
DROP TRIGGER Actualización_Horas;
```

7.5. Procedimientos

Para borrar un procedimiento o una función se utiliza la sentencia:

```
DROP PROCEDURE nombre_procedimiento;
```

El borrado de un procedimiento solo puede ser realizado por su propietario o por un usuario autorizado. Además, para poder ser eliminado no podrá estar siendo utilizado en ninguna transacción y tampoco pude tener dependencias con otros objetos de la base de datos.

8. Lenguaje de manipulación de datos (DML SQL)

Una vez que se han introducido los datos necesarios en la base de datos, estos se han de poder manipular por parte de los usuarios para que puedan trabajar con ellos.

En general se ha de poder:

- Recuperar los datos mediante consultas.
- Insertar nuevos datos en la base de datos.
- Modificar los datos.
- Borrar los datos que no sean necesarios.

Los SGBD proporcionan un lenguaje compuesto por un conjunto de sentencias denominado Lenguaje de Manipulación de Datos (DML, *Data Manipulation Language,* en inglés) con el que se pueden realizar todas estas tareas.

Sabía que...

Tanto el DML como el DDL no están considerados como lenguajes distintos en los SGBD actuales, sino que se utiliza un lenguaje integrado que incluye sentencias para la definición de los datos y otras para la manipulación de estos.

Principalmente hay dos tipos de DML:

- **De alto nivel o no procedimental.** Se emplea para especificar de manera concisa las operaciones complejas con la base de datos.
- **De bajo nivel o procedimental.** Se emplea para recuperar objetos y registros individuales de la base de datos. Es necesario emplear un lenguaje de programación con construcciones como los bucles para recuperar y procesar cada registro de un conjunto de registros.

Definición

Bucle o ciclo
Se trata de un conjunto de sentencias integradas en un programa que se realiza repetidas veces hasta que se satisface una determinada condición.

En definitiva, se utilizará el leguaje de manipulación de datos para especificar las recuperaciones y las actualizaciones de la base de datos.

Actividades

10. Además del lenguaje DML y DDL, ¿qué otros lenguajes de bases de datos conoce?
11. Investigue en internet y diga todas las sentencias que encuentre y que pertenezcan a un lenguaje de manipulación de datos (DDL).

9. Consultas de datos: SELECT

La sentencia *SQL* con la que se pueden recuperar los datos alojados en una base de datos se denomina **SELECT.**

La forma básica de la sentencia **SELECT** está compuesta por las cláusulas **SELECT, FROM** y **WHERE,** y tiene la siguiente forma:

```
SELECT <lista de atributos>
FROM <lista de tablas>
WHERE <condición>
```

Donde:

- **Lista de atributos:** son los atributos que van a recuperarse mediante la consulta.
- **Lista de tablas:** son las tablas necesarias para obtener los datos con los que procesar la consulta.
- **Condición:** es una expresión condicional que deben satisfacer los datos que van a ser recuperados con la consulta.

Importante

Para elaborar las expresiones condicionales se emplearán en numerosas ocasiones los operadores igual (=), menor o igual (<=), mayor o igual (>=), mayor que (>), menor que (<) y distinto (<>).

Para ilustrar el uso de la sentencia **SELECT** se muestra una tabla de datos de nombre "Clientes" que contiene nombres, apellidos y DNI.

DNI	NOMBRE	APELLIDO1	APELLIDO2
25.334.234-A	DANIEL	JIMENEZ	CAMPOS
25.904.284-D	JOSÉ ANTONIO	LEIVA	GUTIERREZ
25.894.904-F	DANIEL	LEAL	MUÑOZ
25.001.084-G	AGAPITO	MAESTRE	CUÑADO

La siguiente consulta extrae el DNI de aquellos clientes cuyo nombre sea "Daniel".

```
SELECT DNI
FROM CLIENTES
WHERE NOMBRE='DANIEL';
```

Se añaden ahora nuevos datos a la tabla anterior para ilustrar otros tipos de consultas:

DNI	NOMBRE	APELLIDO1	APELLIDO2	PROVINCIA	TOTAL_COMPRAS
25.334.234-A	DANIEL	JIMENEZ	CAMPOS	MÁLAGA	3.004,23
25.904.284-D	JOSÉ ANTONIO	LEIVA	GUTIERREZ	MÁLAGA	2.889,60
25.894.904-F	DANIEL	LEAL	MUÑOZ	GRANADA	6.790,90
25.001.084-G	AGAPITO	MAESTRE	CUÑADO	CÓRDOBA	1.122,00
25.227.007-D	FRANCISCO	CAIMO	VERGARA	MALAGA	3.004,23

Se puede realizar la siguiente consulta en la que se emplearán dos condiciones mediante la cláusula **AND.**

 Nota

En general las consultas pueden tener un número ilimitado de condiciones concatenadas mediante la cláusula AND.

Consulta: recuperar el nombre, apellidos y DNI de aquellos clientes pertenecientes a la provincia de Málaga y que tengan un volumen total de compras superior a los 3.000,00 €.

En este caso la consulta tiene dos condiciones: clientes de la provincia de Málaga y con compras superiores a 3.000,00 €.

```
SELECT NOMBRE, APELLIDO1, APELLIDO2, DNI
FROM CLIENTES
WHERE PROVINCIA='MÁLAGA' AND TOTAL_COMPRAS > 3.000,00;
```

Importante

Puede utilizarse el asterisco (*) si se desean listar todas las columnas de las filas que cumplan la condición.

Ej: SELECT * FROM CLIENTES WHERE PROVINCIA='MALAGA'.

En ocasiones puede ocurrir que exista más de una tabla en una misma base de datos o catálogo con nombres de columnas iguales. En esos casos se hace necesario especificar a qué tabla se refiere la consulta, debiéndose calificar el nombre de la columna con el nombre de la tabla para poder identificar correctamente la columna y evitar la ambigüedad. Para lograr esto se ha de colocar el nombre de la tabla como prefijo del nombre de la columna, ambos separados por un punto. De este modo la consulta anterior queda:

```
SELECT CLIENTES.NOMBRE, CLIENTES.APELLIDO1, CLIENTES.APELLIDO2,
CLIENTES.DNI
FROM CLIENTES
WHERE CLIENTES.PROVINCIA='MÁLAGA' AND CLIENTES.TOTAL_COMPRAS >
3.000,00;
```

Empleando la cláusula **AS** puede dársele otro nombre a una columna **(alias).** Se debe emplear cuando la consulta contenga dos columnas con el mismo nombre pero pertenecientes a tablas diferentes, o simplemente para acortar el nombre de manera que se pueda referir a ella de manera más fácil.

```
SELECT CLIENTES.NOMBRE AS CNOMBRE, CLIENTES.APELLIDO1 AS CAPE-
LLIDO1, CLIENTES.APELLIDO2 AS CAPELLIDO2, CLIENTES.DNI AS CDNI
FROM CLIENTES
WHERE CLIENTES.PROVINCIA='MÁLAGA' AND CLIENTES.TOTAL_COMPRAS >
3.000,00;
```

Sabía que...

También puede utilizar la cláusula AS para añadir un alias a la tabla que contiene los datos en la cláusula FROM.

[...] FROM CLIENTES AS C [...]

A través de los ejemplos anteriores se comprueba que la cláusula **FROM** establece el/los conjuntos origen (tablas de origen) para la consulta. La cláusula **WHERE** indica las condiciones que se deben cumplir en el conjunto resultado. Las condiciones se establecen a nivel de fila (tupla) sobre los conjuntos (tablas) de origen indicados bajo la cláusula **FROM,** y determinarán cuáles son las filas candidatas para formar parte del conjunto de resultado.

Nota

La ausencia de una cláusula WHERE indica que no hay una condición en la selección de tuplas.

Puede ocurrir que durante una operación de selección o consulta el sistema remita tuplas por duplicado. Estos duplicados pueden aparecer más de una vez, ya que *SQL* no los elimina de manera automática de los resultados de las consultas. Las razones por las que *SQL* no realiza esta eliminación son principalmente tres:

- La eliminación de duplicados resulta costosa para el sistema.
- Puede ocurrir que el usuario quiera ver las tuplas duplicadas.
- La aplicación de funciones de agregación requiere, la mayoría de las veces, que no se eliminen los duplicados.

Si se quieren eliminar los resultados repetidos se ha de emplear la cláusula **DISTINCT** en la cláusula **SELECT,** lo que indica que únicamente las tuplas distintas se van a mostrar en el resultado.

Por ejemplo, la siguiente consulta sobre la tabla "Clientes" devolverá dos tuplas repetidas, ya que existen dos clientes con el mismo importe total de compras.

```
SELECT TOTAL_COMPRAS
FROM CLIENTES;
```

Si se aplica la cláusula **DISTINCT** se conseguirá eliminar los duplicados y se devolverá una única tupla.

```
SELECT DISTINCT TOTAL_COMPRAS
FROM CLIENTES;
```

El operador **LIKE** se utiliza para realizar comparaciones. La siguiente consulta:

```
SELECT *
FROM CLIENTES
WHERE NOMBRE LIKE '%JOSÉ%';
```

Se obtendrán todos los datos de aquellos clientes cuyo nombre sea JOSÉ. El carácter % se emplea para sustituir una cantidad indeterminada de caracteres (cero o más). También puede utilizarse el carácter de guión bajo (_) para reemplazar un solo carácter.

Otro operador de comparación es **BETWEEN.** Puede emplearse para realizar una consulta en la que se obtengan resultados entre dos cantidades. Por ejemplo, si se quieren obtener aquellos clientes con un volumen total de compras entre 3.000 y 6.000 €:

```
SELECT *
FROM CLIENTES
WHERE TOTAL_COMPRAS BETWEEN 3.000 AND 6.000;
```

Pueden ordenarse los resultados de una consulta mediante la cláusula **OR-DER BY.** Los resultados pueden establecerse por los valores de uno o más atributos. Por ejemplo, pueden ordenarse los resultados de la consulta anterior en función del primer y segundo apellido:

```
SELECT *
FROM CLIENTES
WHERE TOTAL_COMPRAS BETWEEN 3.000 AND 6.000
ORDER BY APELLIDO1, APELLIDO2;
```

El orden predeterminado es ascendente **ASC.** También puede especificarse un orden descendente mediante la palabra **DESC.** El ejemplo anterior ordenado de manera descendente queda:

```
SELECT *
FROM CLIENTES
WHERE TOTAL_COMPRAS BETWEEN 3.000 AND 6.000
ORDER BY APELLIDO1 DESC, APELLIDO2 DESC;
```

Los resultados obtenidos a través de una consulta se pueden agrupar de manera que cumplan ciertos criterios. Sobre estos grupos se pueden aplicar **expresiones de agregación,** es decir, funciones que devuelven sumas totales **(SUM),** medias **(AVG),** número de tuplas **(COUNT)** y máximos **(MAX)** o mínimos **(MIN).**

Por ejemplo, puede saberse de esta forma el gasto medio por provincia:

```
SELECT PROVINCIA, AVG (TOTAL_COMPRAS)
FROM CLIENTES
GROUP BY PROVINCIA;
```

En ocasiones puede ser útil aplicar una expresión de agregación a subgrupos de tuplas de una relación. Mediante la cláusula **GROUP BY** pueden agruparse las tuplas en función de un atributo (columna).

Por ejemplo, puede obtenerse a partir de la tabla "Clientes" el número de clientes por provincia junto al volumen medio de compras por provincia.

```
SELECT PROVINCIA, COUNT (*), AVG (TOTAL_COMPRAS)
FROM CLIENTES
GROUP BY PROVINCIA;
```

También puede establecerse una condición de agrupamiento sobre los grupos seleccionados por la cláusula **GROUP BY.** Esta se ha de determinar mediante la cláusula **HAVING.** Puede modificarse el ejemplo anterior para obtener solo resultados de aquellas provincias que cuenten con más de dos clientes:

```
SELECT PROVINCIA, COUNT (*), AVG (TOTAL_COMPRAS)
FROM CLIENTES
GROUP BY PROVINCIA
HAVING COUNT(*) > 2;
```

 Aplicación práctica

A partir de los datos alojados en la tabla "Empleados", el director de la empresa *Cloudwalkers, sru* le pide que extraiga un listado de empleados ordenado alfabéticamente en el que aparezca el NOMBRE, EDAD, PUESTO y OFICINA de aquellos empleados con ventas superiores a los 3.000 € e inferiores a los 5.000 €.

SOLUCIÓN

Para sacar el listado será necesario realizar una consulta sobre la base de datos mediante la sentencia **SELECT**. El listado debe ir ordenado alfabéticamente, y además solo deben salir aquellos empleados con ventas entre los 3.000 y 5.000 €. La sentencia que debe emplearse es:

Continúa en página siguiente >>

<< Viene de página anterior

```
SELECT EMPLEADOS.NOMBRE, EMPLEADOS.EDAD,
EMPLEADOS.PUESTO, EMPLEADOS.OFICINA
FROM EMPLEADOS
WHERE VENTAS BETWEEN 3.000 AND 5.000
ORDER BY EMPLEADOS.NOMBRE ASC;
```

 Aplicación práctica

Se le pide un listado en el que aparezcan aquellas oficinas que tengan un promedio de ventas de sus empleados mayor de 6.000 €. ¿Cómo lo haría?

SOLUCIÓN

Para obtener el listado habrá que realizar una consulta en la que se deben agrupar los empleados por oficinas. Esto puede hacerse mediante la cláusula **GROUP BY**.

Después hay que obtener el promedio de ventas para cada oficina, que tiene que ser mayor de 6.000 €.

```
SELECT EMPLEADOS.OFICINA
FROM EMPLEADOS
GROUP BY OFICINA
HAVING AVG (VENTAS) > 6.000;
```

10. Inserción de datos: INSERT

La manera más simple de utilizar la sentencia **INSERT** es para añadir una única tupla a la relación. La sentencia **INSERT** se utiliza para agregar nuevas filas a una única tabla. La instrucción **INSERT** es, junto a **UPDATE** y **DELETE,** una de las tres instrucciones que utiliza *SQL* para modificar los datos de una base de datos.

La primera forma para utilizar la instrucción sigue el siguiente esquema:

```
INSERT INTO nombre_tabla
VALUES (valores);
```

Donde:

nombre_tabla hace referencia a la tabla donde van a insertarse los datos, y *valores* son los valores de los campos que se van a insertar. Estos han de ir en el mismo orden en el que se encuentran las columnas de la tabla, tal y como fueron indicadas en el momento de su creación con el comando **CREATE TABLE.**

Por ejemplo, para añadir una nueva fila a la tabla "Clientes":

```
INSERT INTO CLIENTES
VALUES ('35.334.233-D', 'RAMÓN', 'GONZALES', 'MARQUÉS',
'SEVILLA', 2.577,80);
```

Puede suceder que la tabla (relación) contenga una multitud de atributos (columnas) y que solo se tengan que añadir valores a unos cuantos. En estos casos se pueden especificar los nombres de las columnas que se corresponden con los valores suministrados.

```
INSERT INTO CLIENTES (NOMBRE, APELLIDO1, APELLIDO2)
VALUES ('VIRGINIA', 'REINA', 'DELMUNDO');
```

Importante

Cuando se introducen datos de esta manera se han de suministrar datos para todas aquellas columnas que tengan una restricción NOT NULL. Las columnas que permiten valores NULL sí pueden omitirse.

Es posible insertar más de una tupla a la vez en una única sentencia **INSERT** separando cada tupla de la siguiente con comas. Cada tupla debe ir entre paréntesis.

Actividades

12. Averigüe en qué casos puede verse afectado el comportamiento de una sentencia INSERT con resultados no deseados y excepciones.

La segunda forma de insertar datos mediante la sentencia **INSERT** consiste en indicar una consulta que rellene los datos.

Por ejemplo, a partir de la tabla "Clientes" puede crearse una nueva tabla que contenga todas las provincias en las que hay algún cliente. Primero ha de crearse la nueva tabla:

```
CREATE TABLE PROVINCIAS
    ( cod_provincia INTEGER NOT NULL AUTO_INCREMENT,
    PROVINCIA VARCHAR (30) NOT NULL,
    PRIMARY KEY (cod_provincia) );
```

 Nota

La restricción AUTO_INCREMENT indica que el campo es autocalculado, de manera que para cada fila asignará un nuevo valor numerándose de forma consecutiva y creciente.

A continuación, para insertar los datos:

```
INSERT INTO PROVINCIAS (PROVINCIA)
SELECT DISTINCT PROVINCIA
FROM CLIENTES;
```

Una vez creada la tabla y añadidos los datos puede consultarse la nueva tabla como cualquier otra de las que pertenecen a la base de datos.

 Importante

Si se actualiza la tabla de origen (en este caso "clientes") después de haber añadido los datos a la tabla destino ("provincias"), es decir, después de ejecutar la sentencia INSERT, la información en "provincias" estará desactualizada, siendo necesaria su actualización.

11. Modificación de datos: UPDATE

La sentencia **UPDATE** se emplea para realizar modificaciones en los valores alojados en una o más columnas de una misma tabla.

Puede ocurrir que los datos alojados en una columna se encuentren relacionados con los datos alojados en otra tabla mediante una relación referencial **(FOREIGN KEY).** En estos casos la actualización de los datos en una tabla se propagará a las demás con las que se encuentren relacionados.

En la siguiente tabla "Clientes" la columna RANKING indica una categoría en función del volumen de compras totales efectuadas por un cliente. En dicho ranking se establece a priori que para un volumen superior a 6.000 € le corresponde un ranking = 1; para más de 3.000, ranking = 2; y para cantidades inferiores, ranking = 3.

DNI	NOMBRE	APELLIDO1	APELLIDO2	PROVINCIA	TOTAL_ COMPRAS	RANKING
25.334.234-A	DANIEL	JIMENEZ	CAMPOS	MÁLAGA	3.004,23	2
25.904.284-D	JOSÉ ANTONIO	LEIVA	GUTIERREZ	MÁLAGA	2.889,60	3
25.894.904-F	DANIEL	LEAL	MUÑOZ	GRANADA	6.790,90	1
25.001.084-G	AGAPITO	MAESTRE	CUÑADO	CÓRDOBA	1.122,00	3
25.227.007-D	FRANCISCO	CAIMO	VERGARA	MALAGA	3.004,23	2

Puede decidirse en determinado momento que se actualice el ranking, de manera que aquellos clientes con compras superiores a 3.000 € pasen a ser ranking = 1.

Mediante la sentencia **UPDATE** se puede actualizar la tabla "Clientes". La expresión para la actualización es:

```
UPDATE CLIENTES
SET RANKING = 1
WHERE TOTAL_COMPRAS > 3.000;
```

 **Nota**

Para aquellas columnas que así lo permitan se puede establecer el valor NULL.

12. Eliminación de datos: DELETE

La sentencia **DELETE** se emplea para eliminar una o varias filas de datos de una única tabla. La sentencia permite eliminar los valores alojados en la base de datos manteniendo la tabla para un uso posterior.

Como ocurría en los casos anteriores, el comando **DELETE** también hace uso de la cláusula **WHERE,** que especifica una condición que tendrán que cumplir los datos que van a eliminarse. Cuando no se especifica ninguna condición se borrarán todas las filas.

 Nota

Puede eliminarse la fila actual apuntada por el cursor usando la cláusula WHERE CURRENT.

Otro aspecto importante es que, al igual que ocurría con la sentencia **UP-DATE,** si se elimina un dato alojado en una columna relacionada con una columna de otra tabla mediante alguna restricción de tipo referencial **(FOREIGN KEY),** la eliminación se propaga a través de todas las relaciones efectuándose la eliminación de los datos en todas las columnas relacionadas.

En función de la condición impuesta en la cláusula **WHERE** pueden ser eliminadas ninguna, una, o más filas de una misma tabla.

Por ejemplo, pueden eliminarse aquellos clientes pertenecientes a la provincia de Córdoba:

```
DELETE FROM CLIENTES
WHERE PROVINCIA = 'CÓRDOBA';
```

13. Otros elementos de manipulación de datos

Además de todos los comandos y elementos anteriores existen otros muchos dependiendo del sistema gestor de bases de datos con el que se esté trabajando. Si bien todos los anteriores son de uso general para cualquier SGBD, existen otros que, en principio, no se encuentran extendidos a todos los sistemas, e incluso cada SGBD puede contar con determinados comandos de uso particular.

13.1. DO

La sentencia **DO** es similar a **SELECT** con la diferencia de que esta no devuelve ningún resultado.

DO sigue la siguiente sintaxis:

```
DO expresion, [ expresion, ... ];
```

 Actividades

13. Indique qué ventajas puede aportar la utilización de la sentencia DO en lugar de utilizar SELECT.

13.2. REPLACE

La sentencia **REPLACE** es una variante de la sentencia **INSERT,** con la diferencia de que cuando se encuentra un registro con una clave principal **(PRIMARY KEY)** que ya existe, lo elimina.

La sintaxis puede ser alguna de las siguientes:

```
REPLACE [ LOW-PRIORITY I DELAYED ] [ INTO ] nombre_tabla
[ (nombre_columna,...) ]
VALUES (expresión,...) , (....), ... ;

REPLACE [ LOW-PRIORITY I DELAYED ] [ INTO ] nombre_tabla
[ (nombre_columna,...) ]
SELECT ... ;

REPLACE [ LOW-PRIORITY I DELAYED ] [ INTO ] nombre_tabla
SET nombre_columna = expresión, nombre_columna = expresión, ... ;
```

Recuerde

Los símbolos utilizados para mostrar la sintaxis de la sentencia tienen el siguiente significado:

- Llaves { }: indican que es necesario escoger entre algunas de las opciones entre paréntesis.
- Barra vertical I: separa las diferentes alternativas entre las que se puede elegir.
- Corchetes [ ]: indican elementos que son opcionales.
- Tres puntos (...): señalan que la opción se puede repetir.

Se puede utilizar esta sentencia cuando la tabla contenga un índice **PRIMARY KEY** o **UNIQUE,** ya que de lo contrario se debe usar la sentencia **INSERT.**

13.3. Otros elementos

Existen otras sentencias para manipulación de datos que pueden ser más o menos útiles. Su presencia e importancia variará en función del SGBD empleado.

Algunas de estas son:

- **HANDLER.** Permite realizar consultas que son difíciles o imposibles de implementar mediante **SELECT.**
- **LOAD DATA INFILE.** Se emplea para leer los datos procedentes de un archivo de texto y añadirlos a una tabla. Es una forma rápida de añadir grandes volúmenes de datos.
- **EXPLAIN.** Proporciona información de cómo se ejecutará una consulta, lo que puede resultar útil para optimizarla.
- **RENAME**. Se utiliza para asignar un nombre nuevo a una o varias tablas.

14. Agregación de conjuntos de datos para consulta: JOIN, UNION

El estándar *SQL* permite realizar uniones entre tablas distintas alojadas en la cláusula **FROM** mediante una sintaxis que permite al usuario especificar exactamente cómo se deben reunir las tablas fuente. El concepto de tabla concatenada se incorporó a *SQL* para poder especificar una tabla como resultado de una operación de unión entre tablas diferentes en la cláusula **FROM** de una consulta.

Por ejemplo, se dispone de dos tablas: "Empleados" y "Departamentos". La primera contiene los nombres de los empleados (Nombre, Apellido1 y Apellido2) y una columna con los códigos del departamento (Cod_depto.) al que pertenecen. La segunda contiene los códigos de departamento (Cod_depto.) y su nombre (Nom_depto).

Puede realizar una consulta que recupere los datos de aquellos empleados que pertenecen a un departamento determinado (por ejemplo, Ventas) a partir del nombre de este:

```
SELECT Nombre, Apellido1, Apellido2
FROM (EMPLEADOS JOIN DEPARTAMENTOS ON EMPLEADOS.Cod_dpto =
DEPARTAMENTOS.Cod_dpto)
WHERE DEPARTAMENTOS.Nom_depto = 'Ventas';
```

El resultado de la operación de unión, alojado en la cláusula **FROM,** devuelve una única tabla concatenada a partir de las tablas de origen "Empleados" y "Departamentos". La tabla resultante contiene todas las columnas de la tabla "Empleados" y de la tabla "Departamentos". Mediante la cláusula **WHERE** se seleccionan las tuplas que cumplen la condición impuesta. Por último mediante **SELECT** se seleccionan únicamente las columnas de interés.

Existe otra manera de unir dos tablas con columnas con nombre coincidente y que se comparan según su igualdad, que es lo más común. En estos casos se puede especificar una lista de nombres de columnas coincidentes dispuestas en la cláusula **USING.** Esta cláusula contendrá los nombres separados por comas de las columnas coincidentes en ambas tablas.

Si se dispone de una tabla "Chicos" con atributos (columnas): Nombre_chico, Apellido1_chico, Apellido2_chico, ciudad, edad, y una tabla "Chicas" con atributos: Nombre_chica, Apellido1_chica, Apellido2_chica, Ciudad, Edad, puede realizarse una operación de reunión entre tablas a partir de las columnas ciudad y edad.

```
SELECT *
FROM CHICAS INNER JOIN CHICOS
USING (ciudad, edad);
```

Actividades

14. Indique qué resultados se esperan obtener a partir de la consulta anterior.

La consulta anterior puede expresarse mediante **NATURAL JOIN** de forma equivalente. La consulta devolverá parejas de chico/chica que tienen la misma edad y viven en la misma ciudad.

```
SELECT *
FROM CHICAS NATURAL INNER JOIN CHICOS;
```

Importante

Cuando se emplea NATURAL no se puede utilizar la cláusula ON o USING debido a que la reunión natural (NATURAL JOIN) define la condición de búsqueda de manera específica al unir las tablas mediante columnas con el mismo nombre.

SQL cuenta con varias opciones para especificar el tipo de unión entre tablas:

- **INNER JOIN,** igual que **JOIN.** Su utilización es opcional.
- **NATURAL JOIN** se utiliza cuando las columnas que se van a unir tienen el mismo nombre.

La cláusula **FULL JOIN** se emplea cuando se quiere realizar la unión completa de las tablas. La siguiente consulta realiza la unión completa de las tablas "Chicas" y "Chicos" (a las que se han quitado las columnas edad). La tabla resultante contiene una fila por cada pareja chico/chica que encaje, además de una fila para cada chico/chica que no encaje con valores **NULL** en las columnas de la otra tabla no encajada:

```
SELECT *
FROM CHICAS FULL JOIN CHICOS
ON CHICAS.CIUDAD = CHICOS.CIUDAD;
```

La consulta también puede escribirse:

```
SELECT *
FROM CHICAS NATURAL FULL JOIN CHICOS;
```

Y también:

```
SELECT *
FROM CHICAS FULL JOIN CHICOS
USING (CIUDAD);
```

Actividades

15. Escriba las consultas anteriores pero quitando la columna Ciudad e introduciendo la columna Edad. Realice las consultas uniendo las tablas por esta columna.
16. Señale qué resultados se pueden esperar de la consulta del ejercicio anterior.

La cláusula **FULL** realiza la reunión completa de las tablas. También puede hacerse la unión completa de una de ellas de manera que de la otra tabla únicamente aparezcan en el resultado las tuplas que satisfagan la condición impuesta. Las cláusulas **RIGHT** y **LEFT** realizan la reunión de las tablas por la derecha o por la izquierda. Así, la siguiente consulta dará como resultado una tabla que contendrá parejas chico/chica de la misma ciudad y una fila con valores **NULL** por cada una de las existentes en la tabla "Chicas" (la de la izquierda cuando se realiza la consulta) que no encaje.

```
SELECT *
FROM CHICAS LEFT JOIN CHICOS
USING (CIUDAD);
```

Importante

Las cláusulas LEFT JOIN y RIGHT JOIN realizan un tipo de unión entre tablas denominado de composición externa, en los que la tabla resultante contiene filas con valores NULL que no están en la tabla de origen.

Las uniones de tipo INNER JOIN son composiciones internas, donde los valores de las filas de la tabla resultante son valores que están en las tablas originales que se combinan.

Del mismo modo, la consulta también puede efectuarse por el lado derecho, de manera que la tabla resultante contendrá parejas chico/chica de la misma ciudad y filas con valores **NULL** en los valores para los chicos que no tengan equivalencia de ciudad con la tabla "Chicas".

```
SELECT *
FROM CHICAS RIGHT JOIN CHICOS
USING (CIUDAD);
```

Actividades

17. Realice la consulta equivalente para unir las tablas chicos y chicas a través de la columna Edad.
18. Señale qué resultados espera obtener.

También existe la cláusula **CROSS JOIN** que se utiliza para especificar una operación en la que la tabla resultante genera todas las posibles combinaciones entre las tuplas de las tablas de origen, por lo que esta operación se realizará con mucho cuidado.

15. Subconsultas

Puede ocurrir que los datos necesarios para realizar una consulta determinada únicamente puedan obtenerse a partir de otra consulta. En estos casos pueden efectuarse **consultas anidadas o subconsultas** alojadas en la cláusula **WHERE.** Dicha subconsulta también se conoce como **consulta externa.** Los datos facilitados por la subconsulta son recogidos por la consulta externa para elaborar el resultado final.

La realización de subconsultas presenta las siguientes ventajas:

- El empleo de subconsultas es la forma más natural de expresar la consulta porque se acerca al lenguaje natural empleado para su formulación.
- Permite dividir la consulta en partes, lo que facilita las sintaxis de la sentencia **SELECT.**
- Aumenta la potencia de la consulta. Sin su uso muchas consultas no podrían realizarse.

A continuación se ilustra la sintaxis de una subconsulta con la ayuda de una base de datos de ejemplo en la que se dispone de dos tablas: "Ventas" que incluye las columnas Cod_venta, Cod_artículo, Cantidad, Precio, Descuento, Precio_venta, Total_venta; y "Artículos" que incluye las columnas, Cod_artículo, Nombre, Precio, Precio_mínimo y Mínimo_ventas.

Se pretende realizar una consulta sobre la base de datos en la que se extraigan los artículos cuyo importe mínimo de ventas sea mayor que las ventas totales de ese artículo. De esta forma se pueden conocer los artículos menos vendidos que no han superado el mínimo y así actuar en consecuencia.

Pueden extraerse las ventas totales de un artículo mediante la siguiente consulta sobre la tabla "Ventas".

```
SELECT cod_artículo, SUM (total_venta)
FROM VENTAS
GROUP BY cod_artículo;
```

Si no existiesen las subconsultas se tendría que añadir una nueva columna a la tabla "Artículos" en la que incorporar los datos arrojados por la consulta anterior, y posteriormente elaborar una nueva consulta sobre la tabla "Artículos".

Empleando una subconsulta se puede facilitar el proceso de la siguiente manera:

```
SELECT cod_articulo, nombre
FROM ARTICULOS
WHERE minimo_ventas > ( SELECT SUM (total_venta)
                               FROM VENTAS
                               GROUP BY cod_artículo;)
```

La subconsulta devuelve el total vendido de cada artículo, que es analizado en la cláusula **WHERE** de la consulta externa donde se determinan los artículos que superan dicha cantidad y que por tanto cumplen con la condición impuesta.

Importante

Las subconsultas en SQL aparecen en las cláusulas WHERE o HAVING de la consulta externa. En el primer caso se seleccionan filas individuales, mientras que en el segundo se seleccionan grupos de filas que aparecen en el resultado final de la consulta.

En el ejemplo anterior la subconsulta se encierra entre paréntesis. Tiene una forma usual de una sentencia **SELECT,** con cláusula **FROM** y cláusulas opcionales como **WHERE, GROUP BY** y **HAVING.**

A diferencia de en una sentencia **SELECT** 'real', una subconsulta tiene las siguientes características:

- En general una subconsulta debe producir una única fila de datos como resultado, luego la subconsulta tendrá normalmente un único elemento de selección en su cláusula **SELECT.**
- No se puede utilizar la cláusula **ORDER BY.** No tiene sentido ordenar los datos de una subconsulta.
- Los nombres de columnas en la subconsulta pueden referirse a columnas de tablas que aparecen en la consulta externa.

El lenguaje *SQL* ofrece unas condiciones de búsqueda en las subconsultas. Estas se muestran a continuación.

Consultas de comparación

Las consultas de comparación utilizan los símbolos: =, <>, <, >, <=, >=. En estas consultas se compara el valor de una expresión con el valor arrojado por la subconsulta. Se devuelve el resultado **TRUE** si la comparación es cierta. Se compara el valor de la fila que se está comprobando con el resultado dado en la subconsulta.

El ejemplo realizado anteriormente es una consulta de este tipo.

Importante

Si una subconsulta devuelve como resultado varias filas o varias columnas la comparación no tendrá sentido y se producirá un error.

Si la subconsulta no devuelve ningún valor la comparación devuelve el valor NULL.

Consultas que emplean la cláusula IN

En este tipo de consulta se compara un único valor con una columna de valores de datos producidos por una subconsulta. Se utiliza para comparar un valor de una fila con un conjunto de valores producidos en la subconsulta.

Consultas que emplean la cláusula EXISTS

Mediante esta consulta se comprueba si una subconsulta produce alguna fila.

La condición de búsqueda no usa los resultados ofrecidos por la subconsulta, sino que simplemente comprueba que la subconsulta produce resultados. En este caso *SQL* permite que la subconsulta devuelva más de una columna de datos y permite usar **SELECT *** en la subconsulta.

 Nota

También existe la cláusula NOT EXISTS que invierte la lógica del test EXISTS y devuelve TRUE si la subconsulta no devuelve ninguna fila, y FALSE en caso contrario.

La siguiente consulta a partir de la tabla "Empleados" y la tabla "Ventas":

```
SELECT NUM_EMP, NOMBRE, OFICINA
FROM EMPLEADOS
WHERE EXISTS ( SELECT *
                FROM OFICINAS
                WHERE EMPLEADOS.OFICINA =
                OFICINAS.COD_OFICINA AND
                EMPLEADOS.JEFE = 1
                );
```

Se emplea una subconsulta para comprobar si existen empleados con una oficina igual a la suya, y que además su jefe tenga de código el 1.

Consultas que emplean la cláusula ANY y ALL

Estas cláusulas se emplean para efectuar consultas comparativas.

Así, el test **ANY** se utiliza junto a los operadores de comparación =, <>, <, >, <=, >= para contrastar un único valor con una columna de valores producidos en la subconsulta. La comparación se realiza uno a uno. Si alguna de las comparaciones devuelve un valor **TRUE,** el test devuelve un resultado **TRUE.**

Por ejemplo, puede realizarse una consulta que devuelva aquellos artículos que tienen un precio mínimo igual al 20 % de su precio de venta.

```
SELECT cod_articulo, nombre
FROM ARTICULOS
WHERE precio_minimo = ANY ( SELECT precio_venta
                            FROM VENTAS
                            WHERE ARTICULOS.cod_articulo =
                            VENTAS.cod_articulo AND precio_venta =
                            (precio_venta - precio_venta * 0,20 ));
```

El test **ALL** utiliza igualmente alguno de los seis operadores de comparación de *SQL,* que como en el caso anterior, se utiliza para contrastar un único valor de test con una columna de valores de datos arrojados por la subconsulta. Igualmente, la comparación se efectúa uno a uno y, si todas las comparaciones devuelven un resultado **TRUE,** el test **ALL** devuelve un resultado **TRUE.**

 Aplicación práctica

La empresa *Cloudwalkers, sru* también cuenta en su base de datos con una tabla llamada "Oficinas" que tiene los siguientes atributos:

I **COD_OFICINA**: código de la oficina.
I **CIUDAD**: ciudad donde se encuentra situada.
I **COD_DIRECTOR**: código del director de la oficina.
I **OBJETIVO**: es el objetivo de ventas fijado para esa oficina.
I **VENTAS**: son las ventas realizadas por la oficina.

A partir de estos datos y de los datos alojados en la tabla "Empleados" se le pide que obtenga un listado de aquellas oficinas en las que haya al menos un empleado con unas ventas superiores al 55 % del objetivo para su oficina.

SOLUCIÓN

Para la elaboración del listado será necesario realizar una subconsulta sobre la tabla "Empleados" para saber si existe algún empleado que tenga un volumen de ventas superior al 55 % del objetivo de ventas. Utilizando la cláusula **EXISTS** se comprueba si una subconsulta devuelve alguna fila.

Continúa en página siguiente >>

<< Viene de página anterior

La consulta a realizar es:

```
SELECT *
FROM OFICINAS
WHERE EXISTS (SELECT *
                FROM EMPLEADOS
                WHERE EMPLEADOS.VENTAS >
                OFICINAS.OBJETIVOS *0,55);
```

Si el resultado de la subconsulta devuelve alguna fila se listarán los datos de la oficina correspondiente a ese empleado.

16. Manipulación del diccionario de datos

El diccionario de datos es una parte fundamental del SGBD que utiliza un conjunto especial de tablas que contienen datos acerca de los datos o metadatos. El SGBD realiza una consulta del diccionario de datos antes de efectuar una operación de lectura o modificación sobre los datos reales.

 Importante

El diccionario de datos almacena el esquema de la base de datos utilizando metadatos que contienen información de su estructura. Esta información es creada y actualizada directamente por el SGBD.

El diccionario de datos también es conocido como **catálogo del sistema** o **directorio de datos,** y guarda el esquema lógico de las relaciones y su información del almacenamiento físico.

En general, el diccionario de datos debe guardar los siguientes tipos de información:

- Nombres de las relaciones (tablas).
- Nombres de los atributos de cada relación (columnas).
- Dominios y longitud de los atributos.
- Nombre de las vistas existentes en la base de datos y de las definiciones de estas.
- Restricciones de integridad (por ejemplo claves primarias).
- Algunos SGBD también guardan información de:

  - Nombres de usuarios.
  - Información de cuentas de usuario.
  - Contraseñas e información relacionada con la autorización de usuarios.

- También pueden guardar información de tipo estadístico:

  - Número de tuplas de una relación.
  - Almacenamiento utilizado para cada relación, descripción de alto nivel de las transacciones y aplicaciones, relaciones entre usuarios y sus transacciones.

El diccionario de datos puede tener información acerca de la organización del almacenamiento de las relaciones y su ubicación. Si las relaciones (tablas) se almacenan en archivos del sistema operativo, el diccionario de datos **no puede** almacenar la información de los nombres de archivo donde se almacena. Sí podrá hacerlo si la base de datos almacena todas las relaciones en un único archivo. En este caso, el diccionario guardará en qué bloques se almacenan los registros de cada relación.

Nota

El diccionario de datos forma una base de datos en miniatura. Algunos SGBD guardan toda esta información mediante estructuras de datos y códigos especiales. Otros, en cambio, guardan estos datos utilizando la misma base de datos, lo que suele resultar preferible ya que se simplifica la estructura global del sistema permitiendo que se utilice toda la potencia de la base de datos para obtener un rápido acceso al sistema.

Como se ha dicho, muchos SGBD utilizan algunas tablas para guardar la información del diccionario de datos. Los nombres de estas tablas dependerán del SGBD utilizado, por lo que en cada caso hay que revisar la documentación del SGBD con el que se esté trabajando. Conociendo los nombres de las tablas se pueden realizar sencillas consultas **SELECT** a partir de las cuales obtener información contenida en el diccionario.

Ejemplo

Oracle es un SGBD que cuenta con un potente diccionario de datos con numerosas tablas y vistas. Puede obtenerse un listado completo de estas utilizando la sentencia:

```
SELECT OBJECT_NAME FROM ALL_OBJECT.
```

Así, de forma general, para obtener el nombre de las tablas existentes en la base de datos:

```
SELECT TABLE_NAME FROM USER_TABLES;
```

O bien, para obtener la descripción de una tabla existente:

```
DESCRIBE nombre_tabla;
```

17. Nociones sobre el almacenamiento de objetos en las bases de datos relacionales

La irrupción en los últimos años de las tecnologías orientadas a objetos, lenguajes de programación y herramientas de desarrollo basados en objetos ha supuesto un reto para el dominio de *SQL*. Estas nuevas tecnologías han ganado una enorme popularidad en la creación de aplicaciones con interfaces gráficas de usuario.

Algunas empresas han intentado aplicar estas tecnologías en el diseño de bases de datos orientadas a objetos. Existen modelos híbridos que intentan combinar tecnologías de objetos con bases de datos relacionales.

En la mayoría de las bases de datos orientadas a objetos se pueden encontrar los siguientes componentes:

- **Objetos.** Es el componente fundamental en una base de datos de este tipo, ya que todo es un objeto. Las filas y columnas se reemplazan por colecciones de objetos, que son a su vez objetos y se manipulan como tales.
- **Clases.** Los objetos se agrupan en lo que se llama clases de objetos. A cada clase puede pertenecer un gran número de objetos. Por ejemplo, la clase "Vehículos" puede ser una clase de objetos que contenga a su

vez: coches, motos, bicicletas, etc. En la jerarquía de clases existe una multitud de clases y subclases que dependen de una clase. Por ejemplo, la clase "Vehículos" podría alojar la subclase "Coches" que a su vez contenga las subclases: "Deportivos", "Familiares", "Berlina", etc.

- **Herencia.** Cada objeto hereda las propiedades y características de la clase y subclase a la que pertenece. Por ejemplo, los miembros de la clase "Coches" heredarían el atributo número de puertas de la clase "Coches", y también heredarían el atributo cilindrada de la clase "Vehículos".
- **Atributos.** Son las características que posee cada objeto. Por ejemplo, un objeto coche tiene por atributos el color, número de puertas, cilindrada, etc.
- **Mensajes y métodos.** Los objetos se relacionan entre sí enviando y recibiendo mensajes. Cuando un objeto recibe un mensaje responde ejecutando un método. Cada objeto tiene una serie de comportamientos en función de los métodos que contenga. Estos métodos pueden ser compartidos con otros objetos y clases.
- **Encapsulación.** La estructura interna de cada objeto queda oculta tras una serie de interfaces definidas. Para actuar sobre un objeto o averiguar algo de él hay que hacerlo mediante sus métodos, los cuales delimitan sus funciones y comportamientos.
- **Identidad del objeto.** Para distinguir un objeto de otro se utilizan los controladores. Estos representan relaciones entre objetos.

El empleo de todos estos aspectos de las bases de datos orientadas a objetos es muy útil para aplicaciones que cuenten con tipos de datos complejos.

También existen SGBD híbridos que son fundamentalmente bases de datos relacionales a las que se añaden capacidades de las bases de datos orientadas a objetos. Estos añadidos o extensiones orientadas a objetos son:

- **Objetos de datos de gran tamaño.** A diferencia de los tipos de datos utilizados en las bases de datos relacionales (enteros, fechas, cadenas de caracteres), los objetos de datos de gran tamaño se emplean para guardar documentos, vídeo, audio, páginas web, contenido multimedia, etc.

- **Tipos de datos estructurados/abstractos.** Consisten en datos individuales que se agrupan en estructuras de nivel mayor para ser tratados como entidades en sí mismas.
- **Tipos de datos definidos por el usuario.** El usuario es capaz de definir sus propios tipos de datos.
- **Tablas en tablas.** Se permite a las columnas almacenar datos complejos, como tipos de datos estructurados o incluso tablas complejas.
- **Sentencias, conjuntos y arrays.** Se permite el almacenamiento directo de colecciones de elementos de datos en una única columna.
- **Procedimientos almacenados.** Se proporciona interfaces procedimentales que encapsulan los datos y generan interacciones estrictamente definidas.
- **Controladores e identificadores de objetos.** Las bases de datos relacionales orientadas a objetos cuentan con soporte incorporado para la identificación de filas y otros identificadores únicos para objetos.

Actividades

19. Indique qué diferencias puede encontrar entre las bases de datos relacionales y las bases de datos relacionales orientadas a objetos.

18. Nociones sobre almacenamiento y recuperación de XML en las bases de datos relacionales

XML es un lenguaje de marcas *(XML, eXtensible Markup Language)* utilizado para representar y extraer datos estructurados. *SQL* es, a su vez, un lenguaje utilizado para definir, acceder y actualizar datos estructurados alojados en bases de datos relacionales. Parece por tanto que existe una clara relación entre ambos lenguajes.

Cada elemento o componente de un documento *XML* se identifica mediante una **etiqueta de apertura** con el nombre del elemento encerrado entre los símbolos mayor que y menor que (<nombre_del_elemento>). El final de cada elemento se identifica por una **etiqueta de cierre** similar a la etiqueta de apertura con la única diferencia de incorporar una barra inclinada hacia la derecha (/) inmediatamente después del símbolo menor que (<).

Ejemplo

El siguiente ejemplo muestra la estructura de un documento elaborado en lenguaje *XML:*

```
<?xml version="1.0" encoding="UTF-8" ?>
<!DOCTYPE Edit_Mensaje SYSTEM "Edit_Mensaje.dtd">
<Cliente>
   <Datoscliente>
      <Nombre>Nombre del cliente</Nombre>
      <Apellidos>Apellidos del cliente></Apellidos>
      <Dirección>Dirección</Dirección>
      <Teléfono>Teléfono</Teléfono>
   </Datoscliente>
</Cliente>.
```

XML y *SQL* cuentan con características similares:

- *XML* da nombre a cada uno de los elementos que lo componen, pero no dice nada de cómo se procesa cada elemento. *SQL* a su vez, trata sobre los datos de la base de datos, pero no de cómo recuperarlos.

- La estructura de un documento *XML* basada en bloques de construcción básicos es en cierta medida similar a una tabla *SQL* (donde cada columna puede ser un atributo *XML).*
- *XML* se emplea para validar tipos de documentos específicos que representan documentos reales como pueden ser documentos de pedidos, solicitudes, etc. Esto es similar a *SQL* (donde las tablas representan tipos diferentes de entidades).

Los fabricantes de SGBD ofrecen soporte *XML* en sus productos que varía de un sistema a otro. No obstante, han de contener una o más de las siguientes características:

- **Salida *XML.*** Los datos facilitados en el resultado de una consulta *SQL* pueden ser representados fácilmente en un documento *XML.* Puede generarse por el SGBD un documento *XML* en respuesta a una consulta *SQL.*
- **Entrada *XML.*** Al contrario del caso anterior, los datos provienen de un documento *XML.* Estos datos se utilizan para añadir o actualizar una fila de datos a una tabla.
- **Intercambio de datos *XML.*** Se utiliza un documento *XML* para intercambiar datos entre dos o más bases de datos. Los datos originales de una base de datos se transforman en un documento *XML* que se envía a la base de datos de destino, donde vuelven a ser transformados.
- **Almacenamiento de *XML.*** Un documento completo en *XML* puede convertirse en contenido de una columna en una fila de la base de datos. Existen SGBD que permiten declarar un tipo de datos *XML,* lo que daría un mejor soporte a este tipo de documentos.
- **Recuperación de datos *XML.*** Se trata de un paso adelante en el que los datos alojados en un documento *XML* son analizados por el SGBD de manera que se descomponen para ser alojados como elementos individuales en columnas individuales. Mediante *SQL* se pueden buscar estas columnas y proporcionar soporte de búsqueda para los elementos en el documento *XML.* El SGBD puede recomponer un documento *XML* a partir de los elementos almacenados.

Actividades

20. Averigüe qué otros lenguajes de marcas existen.

19. Introducción del estándar SQL-2006

El estándar *SQL-2006* (ISO/IEC 9075-14:2006) incorpora formas que permiten importar y guardar datos *XML* en una base de datos *SQL*, siendo posible el procesamiento de estos en el interior de la base de datos y su posterior publicación en formato *XML*. También proporciona *XQuery*, o lenguaje de consultas *XML* para acceso a datos ordinarios *SQL* y a documentos *XML*.

El lenguaje *XQuery* está basado en el lenguaje de consultas *Quilt*. Es un lenguaje similar a *SQL*, con cláusulas **FOR, LET, WHERE** y **RETURN.** También soporta un gran número de extensiones para trabajar con documentos *XML* donde los datos se encuentran distribuidos a modo de árbol. Además permite la transformación de documentos *XML* en otros documentos con una estructura diferente.

XQuery permite especificar consultas generales sobre uno o más documentos *XML*. La forma típica de una consulta se conoce como **expresión FLWR,** y tiene la siguiente forma:

```
FOR <asociaciones de variables de nodos (elementos) individuales>.
LET <asociaciones de variables a colecciones de nodos (elementos)>.
WHERE <condiciones de calificador>.
RETURN <especificación del resultado de la consulta>.
```

? Sabía que...

Las siglas FLWR hacen referencia a las cuatro cláusulas principales de XQuery (FOR, LET, WHERE, RETURN).

Los datos *XML* pueden almacenarse en la base de datos de varias formas distintas. Pueden almacenarse como cadena en una base de datos relacional, donde las relaciones representan los datos *XML* como árboles. Otra forma es haciendo que los datos *XML* se correspondan con relaciones en la base de datos.

También pueden almacenarse en sistemas de archivos o en bases de datos *XML* que usan *XML* como su representación interna.

20. Resumen

SQL es un lenguaje ampliamente utilizado en la actualidad para la definición y manipulación de datos en las bases de datos relacionales. *SQL* incluye las sentencias de definición de datos **(CREATE, ALTER** y **DROP)** para la realización de consultas, actualizaciones, especificación de restricciones, definición de vistas, e inserción y borrado de datos.

El diccionario de datos es una parte fundamental de un SGBD. Está compuesto por una serie de tablas que contienen información sobre la estructura del SGBD. Esta información es creada y actualizada directamente por el SGBD. Además, también guarda información sobre la organización del almacenamiento de las relaciones y su ubicación.

Los nuevos lenguajes y herramientas orientados a objetos han supuesto un gran reto para el dominio de *SQL* al que está intentando adaptarse. Actualmente existen modelos híbridos que combinan ambas tecnologías (orientadas a objetos y bases de datos relacionales).

Por último, el lenguaje *XML* se emplea para representar y extraer datos estructurados, por lo que cuenta con algunas similitudes con *SQL*. Los SGBD actuales ofrecen soporte *XML* en sus productos que, en mayor o menor medida, cuentan con los siguientes aspectos de soporte: salida y entrada *XML*, intercambio e integración de datos *XML*, y almacenamiento de documentos *XML*.

Ejercicios de repaso y autoevaluación

1. El lenguaje relacional se encuentra constituido por...

    a. ... un Lenguaje de Definición de Datos o DDL.
    b. ... un Lenguaje de Manipulación de Datos o DML.
    c. ... un Lenguaje para Control y Seguridad de los Datos o DCL.
    d. Todas las opciones son incorrectas.

2. Indique si las siguientes afirmaciones son verdadera o falsas.

    a. La metodología orientada a datos, también conocida como modelo lógico de datos, se centra en los datos que componen un sistema y en las relaciones que se establecen entre ellos.

        ☐ Verdadero
        ☐ Falso

    b. Las bases de datos relacionales o sistemas relacionales se basan en una teoría matemática denominada modelo irracional de datos.

        ☐ Verdadero
        ☐ Falso

3. En SQL, ¿qué dominios o tipos existen?

    a. El tipo numérico y el tipo "cadenas de caracteres".
    b. Únicamente existe el dominio de tipo numérico.
    c. Numérico, cadenas de caracteres, de bits, booleanos, de fecha y hora, marca de tiempo e intervalos.
    d. Todas las opciones son incorrectas.

4. **El núcleo del LDD de SQL está formado por las sentencias...**

    a. ... CREATE, SELECT e INSERT.
    b. ... DROP, TRUNCATE y ALTER.
    c. ... CREATE, DROP y ALTER.
    d. ... ALTER, INSERT y UPDATE.

5. **Indique si las siguientes afirmaciones son verdaderas o falsas.**

    a. Los SGBD actuales están basados en el estándar SQL1 y todos cuentan con idénticas sentencias para el LDD.

        ☐ Verdadero
        ☐ Falso

    b. La sentencia CREATE se emplea únicamente para crear bases de datos.

        ☐ Verdadero
        ☐ Falso

6. **Complete los siguientes párrafos con las palabras correctas.**

La cláusula _____ _____ especifica el conjunto de _____ por defecto utilizado en la base de datos. Normalmente se emplea _____, que corresponde a europeo occidental con codificación en un *byte*.

Las _____ son las estructuras más importantes en las bases de datos _____. Una vez creada la base de datos, el siguiente paso consiste en la _____ de las tablas necesarias para contener los datos.

7. **¿Qué indica la restricción PRIMARY KEY?**

_____

_____

8. La sentencia CREATE VIEW...

    a. ... se utiliza para crear tablas virtuales (vistas).
    b. ... se utiliza para crear disparadores que ejecutan una acción tras un evento determinado.
    c. ... se utiliza para crear programas o procedimientos que el SGBD almacena en el servidor.
    d. Todas las opciones son incorrectas.

9. La sentencia ALTER...

    a. ... forma parte del núcleo del lenguaje de control de datos.
    b. ... forma parte del núcleo del lenguaje de manipulación de datos.
    c. ... forma parte del núcleo del lenguaje de definición de datos.
    d. Todas las opciones son correctas.

10. ¿Qué puede hacerse mediante la sentencia ALTER TABLE?

_____

_____

_____

_____

11. Indique si las siguientes afirmaciones son verdaderas o falsas.

    a. La sentencia TRUNCATE se utiliza si lo que se quiere es, simplemente, eliminar los datos que contiene el objeto sin eliminar el objeto en sí.

        ☐ Verdadero
        ☐ Falso

    b. La sentencia DROP se emplea para eliminar un objeto ya existente de la base de datos.

        ☐ Verdadero
        ☐ Falso

12. ¿Qué puede hacerse, en líneas generales, con las sentencias que componen el lenguaje de manipulación de datos de SQL?

_____

_____

_____

_____

13. ¿Cuál es la sentencia que utiliza SQL para recuperar los datos alojados en una base de datos?

    a. UPDATE
    b. INSERT
    c. SELECT
    d. SOURCE

14. La tabla "Ventas" reúne las ventas realizadas por cada representante y la provincia en la que se efectúa la venta. Debido a una reestructuración se deciden eliminar todas las ventas existentes en la provincia de Sevilla. ¿Qué consulta ha de emplear para borrar estos datos de la tabla "Ventas"?

_____

_____

15. Respecto al almacenamiento de objetos en las bases de datos relacionales...

    a. ... los objetos son el componente fundamental en una base de datos de este tipo.
    b. ... los objetos se agrupan en lo que se llama clases de objetos.
    c. ... cada objeto hereda las propiedades y características de la clase y subclase a la que pertenecen.
    d. Todas las opciones son correctas.

Capítulo 3
Transaccionalidad y concurrencia

Contenido

1. Introducción

Los sistemas de procesamiento de transacciones son sistemas utilizados en grandes bases de datos con cientos de usuarios que actúan de forma simultánea realizando consultas u otras operaciones sobre la base de datos.

Existen multitud de sistemas con estas características, como pueden ser sistemas de reservas empleados por las aerolíneas, bancos, agencias de viajes, grandes hoteles, bibliotecas, servicios estatales, etc. Todos estos sistemas requieren de una alta disponibilidad y de una rápida respuesta a los usuarios que se encuentren accediendo al sistema.

2. Conceptos fundamentales

Cuando existe más de un usuario con acceso simultáneo a la base de datos se hace necesario establecer un control exhaustivo en el procesamiento de las transacciones. El Sistema Gestor de Bases de Datos (SGBD) no solo deberá recuperarse correctamente de los fallos o de los errores del sistema, sino que además se debe asegurar que las acciones entre los diferentes usuarios de la base de datos no interfieran entre sí. Los SGBD basados en *SQL* permiten que los usuarios se aíslen entre sí de esta manera.

Para entender e implementar las actualizaciones de los datos en una base de datos, de forma que las acciones simultáneas realizadas por los diferentes usuarios **(ejecuciones concurrentes)** y los fallos que pueden darse de diversos tipos no provoquen que la base de datos se vuelva inconsistente, se hace necesario conocer el concepto de **transacción.**

 Definición

Transacción
Es la unidad de ejecución de un programa que accede a los datos de una base de datos y que, posiblemente, los actualiza.

Cuando varios usuarios acceden a la base de datos y uno o varios actualizan datos existe la posibilidad de corrupción de la base de datos. *SQL* emplea un mecanismo de transacciones con el que eliminar toda fuente de corrupción de la base de datos.

Durante una transacción cada usuario verá una vista consistente de la base de datos, y no verá las actualizaciones no confirmadas (no comprometidas) realizadas por otros usuarios. Del mismo modo, tampoco afectarán las actualizaciones confirmadas (comprometidas) realizadas por otros usuarios a los datos vistos por el usuario durante la transacción.

Cuando dos transacciones se ejecutan de manera simultánea el SGBD ha de asegurar que el resultado será el mismo que si se ejecuta primero una transacción y después otra.

Actividades

1. Explique qué entiende por ejecuciones concurrentes.
2. Señale mediante qué mecanismo evita el SGBD la posibilidad de corrupción de la base de datos.

3. Identificación de los problemas de la concurrencia

Como se verá más adelante, una de las propiedades fundamentales de las transacciones es el **aislamiento.** Cuando se realizan varias transacciones de forma concurrente en la base de datos puede ocurrir que deje de conservarse esta propiedad de aislamiento. Se hace entonces necesario que el sistema controle la interacción entre las distintas transacciones concurrentes. Dicho control se realiza gracias a alguno de los muchos mecanismos existentes denominados **esquemas de control de concurrencia.**

El estándar *SQL92* establece tres formas en que una transacción pueda salir mal, aún siendo correcta por sí misma, porque otra transacción interfiera con ella de algún modo. Al igual que la primera, la segunda transacción también puede se correcta, pero la interferencia sin control de las operaciones de ambas transacciones es lo que origina el resultado erróneo.

3.1. Actualizaciones perdidas

En un SGBD en el que varios usuarios acceden a los datos alojados en la base de datos puede ocurrir que se ejecuten varias transacciones que intenten actualizar los mismos elementos de datos (filas de datos) de manera que cada transacción realiza la actualización basándose en el valor seleccionado originalmente. La última actualización en ejecutarse sobrescribe las actualizaciones realizadas por las transacciones anteriores, lo que da lugar a una pérdida de datos.

 Nota

El problema de la actualización perdida también se denomina de lectura sucia.

Este problema se produce siempre que existan dos programas que lean de la base de datos los mismos datos, y utilicen esos datos como base de un cálculo posterior para, a continuación, tratar de actualizar esos mismos datos.

3.2. Lecturas no repetibles

Si una transacción tiene que acceder de manera repetida a los mismos elementos de datos, y estos datos son a su vez modificados por una transacción diferente, la primera transacción obtendrá resultados distintos en cada una de las lecturas de datos realizadas.

Nota

El problema de las lecturas no repetibles también se denomina análisis contradictorio o de datos inconsistentes.

Al comienzo de una transacción una fila puede contener unos datos determinados, y más adelante, en la misma transacción, contener datos diferentes. Esta inconsistencia puede causar problemas. Así, si un programa se dedica a acumular totales o calcular estadísticas no podrá estar seguro de que sus resultados reflejen una vista estable y consistente de los datos.

3.3. Lecturas ficticias

Otro problema originado durante la concurrencia de operaciones en la base de datos tiene lugar cuando una transacción realiza una lectura repetida de varias filas de datos, y entre lecturas se realiza la inserción o eliminación de una o más filas de datos por parte de otra transacción concurrente.

Nota

El problema de la lectura ficticia también se denomina de lectura fantasma.

De este modo, si se ejecuta una lectura de varias filas de datos por parte de una transacción y otra transacción elimina una fila, y de nuevo la primera vuelve a leer las mismas filas, la transacción mostrará una fila en la primera lectura que habrá dejado de existir en la siguiente.

De igual manera puede ocurrir que una transacción realice una lectura de varias filas, otra inserte una nueva fila, y de nuevo, la primera transacción realice una lectura del mismo intervalo de filas, lo que dará como resultado una fila que no existía en la primera de las lecturas.

Como ocurre en el caso anterior de lecturas no repetibles, el problema surge por la presencia de datos inconsistentes. Una misma consulta realizada más de una vez en la misma transacción da como resultado valores diferentes.

Actividades

3. Reflexione sobre si cree que es necesario realizar el control de la concurrencia. Justifique la respuesta.

4. Nociones sobre control de la concurrencia: optimista, pesimista

Las técnicas de control de concurrencia se emplean para garantizar la ausencia de interferencias o la propiedad de aislamiento de las transacciones que se ejecutan de manera simultánea. La serialización de las planificaciones se garantiza mediante el empleo de una serie de protocolos o conjuntos de reglas.

Definición

Aislamiento
Es una propiedad de los Sistemas Gestores de Bases de Datos que define de qué manera los cambios realizados por una operación (una transacción) se hacen visibles para el resto de las operaciones concurrentes.

Nota

La serialización especifica que todas las transacciones se ejecuten en serie una tras otra.

Para evitar que dos o más transacciones accedan concurrentemente a los elementos se emplean diversos conjuntos de protocolos:

- Una serie de protocolos emplea la técnica del **bloqueo.**
- Otra serie de protocolos emplea la técnica de **marcas de tiempo.** Esto es un identificador único generado por el sistema para cada una de las transacciones.
- Los protocolos **multiversión** utilizan varias versiones de un mismo elemento de datos.
- Protocolos que se basan en el concepto de validación o certificación de una transacción una vez finalizada la ejecución de sus operaciones. Estos protocolos son también denominados **optimistas.**

4.1. Protocolos de bloqueo

Las principales técnicas empleadas para el control de acceso concurrente de las transacciones se encuentran basadas en el concepto de bloqueo de los elementos de datos.

Definición

Bloqueo
Es una variable que se asocia a los elementos de datos para definir su estado respecto a las posibles operaciones que se le puedan aplicar.

El bloqueo se emplea para sincronizar el acceso de las transacciones concurrentes. Normalmente se utiliza un bloqueo por cada uno de los elementos de datos de la base de datos.

Existen varios tipos de bloqueos: **bloqueos binarios,** que son los más sencillos y restrictivos por lo que en la práctica no son empleados, **bloqueos compartidos/exclusivos,** que tienen una capacidad mayor de bloqueo, y **bloqueos de certificación.**

Bloqueos binarios

Los bloqueos binarios tienen dos estados: bloqueado y desbloqueado. Por cada elemento X de la base de datos se emplea un bloqueo diferente, de manera que si un elemento X de la base de datos se encuentra bloqueado (valor 1), el elemento no puede ser accedido por una operación que solicite el elemento. Por el contrario, si el elemento se encuentra desbloqueado (valor 0), sí será posible acceder al elemento cuando sea solicitado.

 Nota

La implementación de un bloqueo binario se realiza mediante el empleo de una variable, BLOQUEAR, asociada a cada elemento X de la base de datos.

Cuando una transacción intenta acceder a un elemento bloqueado emite una operación **bloquear_elemento(X)** para conocer el estado de bloqueo en el que se encuentra el elemento X. Si el resultado de la operación es 1 el elemento se encontrará bloqueado y la transacción se verá obligada a esperar hasta que cambie el estado de bloqueo.

Si una transacción intenta acceder a un elemento con valor 0, esta podrá acceder al elemento a la vez que lo bloquea cambiando su valor a 1. Una vez que finaliza la transacción emite una operación **desbloquear_elemento(X)**, que vuelve a cambiar el valor del elemento X a 0 y lo libera.

Bloqueos compartidos/exclusivos o de lectura/escritura

Como se ha visto, el bloqueo binario es muy restrictivo. Se debe permitir que varias transacciones puedan acceder a un mismo elemento X si todas lo hacen solo para leer. No obstante, si la operación que realiza la transacción es de escritura, esta ha de tener acceso exclusivo.

Importante

El bloqueo binario no se utiliza en la práctica debido a que es muy restrictivo para los elementos de la base de datos, porque, como máximo, solo una transacción puede tener un bloqueo sobre un elemento dado.

El bloqueo compartido/exclusivo o de lectura/escritura cuenta con tres operaciones: **bloquear_lectura(X), bloquear_escritura(X)** y **desbloquear(X);** de manera que ahora un elemento X tiene tres estados posibles:

- **Bloqueado para lectura.** Otras transacciones pueden leer el elemento. Se denomina también de **lectura compartida.**
- **Bloqueado para escritura.** El elemento se encuentra bloqueado por una única transacción. También se denomina de **escritura exclusiva.**
- **Desbloqueado.**

El bloqueo compartido/exclusivo debe implementar las siguientes reglas:

1. Antes de que una transacción realice una operación de lectura de un elemento debe emitir una operación de **bloquear_lectura(X)** o de **bloquear_escritura(X).**

2. Antes de que una transacción ejecute una operación de escritura debe emitir una operación **bloquear_escritura(X).**
3. Una vez finalizadas las operaciones de lectura y escritura sobre un elemento X, las transacciones deben emitir una operación **desbloquear(X).**
4. Si una transacción ya posee un bloqueo de escritura o de lectura sobre un elemento no emitirá una operación **bloquear_lectura(X).**
5. Una transacción no emitirá una operación **desbloquear(X)** sobre un elemento a menos que posea un bloqueo de lectura o escritura sobre dicho elemento.

Sabía que...

El subsistema de control de la concurrencia es el responsable de generar las solicitudes de bloqueo tanto para lectura como para escritura.

Actividades

4. Indique cómo consigue el SGBD el control de la simultaneidad.
5. Señale qué diferencia existe entre un bloqueo binario y un bloqueo de lectura/escritura.

Bloqueos de certificación

En un bloqueo de certificación un elemento X puede encontrarse bloqueado de cuatro formas: bloqueado para lectura, bloqueado para escritura, bloqueado para certificación o desbloqueado.

El protocolo de bloqueo de certificación permite que las transacciones puedan leer un elemento X aunque este se encuentre bloqueado por un bloqueo de escritura. Para ello se mantienen **dos versiones** de cada elemento X, de manera que, al menos una de ellas, haya sido confirmada.

Cuando una transacción realiza una operación de escritura sobre un elemento, este queda bloqueado a la vez que se crea una segunda versión del elemento que se encuentra accesible para que otras transacciones puedan realizar sobre él operaciones de lectura. La primera transacción podrá escribir sobre el elemento sin que ello afecte a la versión que ha sido confirmada. Una vez que la transacción finaliza la escritura sobre el elemento se ejecuta un **bloqueo de certificación** sobre el elemento y se confirma la transacción.

Actividades

6. Señale qué es un protocolo de bloqueo binario e indique cómo puede garantizar la serialización.
7. Entre un bloqueo binario y un bloqueo exclusivo/compartido, ¿cuál cree que es preferible? Justifique la respuesta.

4.2. Técnica de control de concurrencia optimista

Las técnicas de control de concurrencia optimistas son también conocidas como **técnicas de validación o certificación.** En esta técnica no se realiza ninguna comprobación mientras la transacción se está ejecutando.

Las técnicas optimistas se llaman así porque presuponen que se producirá una interferencia pequeña entre las transacciones, de manera que no será necesario realizar la comprobación durante la ejecución de la transacción.

Durante la ejecución de la transacción todas las actualizaciones que tengan lugar se aplicarán sobre **copias locales** de los elementos de datos. Una vez concluida la transacción tiene lugar la **fase de validación** donde se comprueba que el proceso no ha violado la **serialización.**

El protocolo de control de concurrencia tiene tres fases:

1. **Fase de lectura.** En esta fase las transacciones pueden acceder para su lectura a los elementos de datos **confirmados.** Las **actualizaciones** solo se aplican sobre las copias locales (versiones) de los elementos de datos.
2. **Fase de validación.** Se realiza una comprobación de los elementos de datos actualizados para garantizar que la serialización no ha sido violada.
3. **Fase de escritura.** Concluida la validación, y si esta ha sido satisfactoria, se aplican las actualizaciones de la transacción sobre la base de datos. En caso contrario las actualizaciones se descartan y se reinicia la transacción.

Si entre las transacciones existe una ligera interferencia la mayoría serán validadas de forma satisfactoria. Si en cambio fuesen muchas las interferencias, habrá un gran número de transacciones que serán descartadas y que por tanto, deberán reiniciarse.

En la fase de validación de una transacción el protocolo comprueba que la transacción no interfiere con ninguna otra transacción que haya sido confirmada ni con otras transacciones que se encuentren en fase de validación.

4.3. Técnica de control de concurrencia pesimista

En un protocolo de bloqueo pesimista el SGBD mantiene una única copia de cada elemento de datos. Cuando varios usuarios acceden a la base de datos el sistema arbitra el acceso a cada elemento de datos entre los usuarios, o más exactamente, entre las transacciones concurrentes.

Los protocolos de bloqueo pesimistas fuerzan una espera o un retroceso cada vez que el sistema detecta un conflicto.

Los bloqueos binarios, bloqueos compartidos/exclusivos y los bloqueos de certificación son, en definitiva, técnicas de bloqueo **pesimistas.**

Además de los bloqueos, los **protocolos basados en marcas temporales** son también técnicas de bloqueo pesimistas.

Estos últimos determinan la secuencia de las transacciones asignándoles un orden. La forma más habitual de hacerlo es mediante el empleo de **marcas temporales.**

El sistema asigna una única marca temporal (MT) a cada transacción antes de que comience su ejecución. Si una transacción tiene asignada una marca temporal (MT_1) y entra en el sistema una nueva transacción, se le asignará una nueva marca temporal (MT_2) cumpliéndose que $MT_1 < MT_2$.

 Nota

El protocolo de bloqueo por marcas temporales asegura la secuencialidad en cuanto a conflictos debido a que las operaciones conflictivas se procesarán durante la ordenación de las marcas temporales.

El protocolo de ordenación mediante marcas temporales asegura que todas las operaciones de lectura y escritura conflictivas se ejecutan en el orden establecido por las marcas temporales.

5. Conocimiento de las propiedades fundamentales de las transacciones: ACID

Cualquier transacción debe poseer varias propiedades que deben ser implementadas por el control de la concurrencia y los métodos de recuperación del SGBD. Estas propiedades también son denominadas **propiedades ACID,** y son: atomicidad, conservación de la consistencia, aislamiento y durabilidad.

Atomicidad

Esta propiedad asegura que una transacción se ejecute en su totalidad o no se ejecute. Cada transacción es una unidad atómica de procesamiento y debe ejecutarse hasta que esté completamente finalizada. Si una transacción falla y no se completa se deben deshacer sus efectos en la base de datos.

 Nota

El subsistema de recuperación de transacciones del SGBD es el responsable de garantizar la atomicidad y por tanto, es el encargado de efectuar la recuperación cuando una transacción falla y queda incompleta.

Consistencia

Para que una transacción sea consistente su ejecución ha de llevar al sistema desde un estado consistente a otro.

 Definición

Estado de la base de datos
Es una colección de todos los elementos de datos almacenados en un instante determinado.

Un estado consistente del sistema debe satisfacer las restricciones especificadas en el esquema, así como cualquier otra restricción que deba cumplirse en la base de datos.

 **Nota**

La conservación de la consistencia es responsabilidad del módulo del SGBD que implementa las restricciones de integridad.

Aislamiento *(Isolation)*

Las transacciones deben aparecer como si estuvieran aisladas del resto para que una transacción no interfiera con la ejecución de otra transacción que se esté ejecutando de forma simultánea.

Esta propiedad debe ser controlada mediante el **subsistema de control de la concurrencia del SGBD.**

Pueden establecerse una serie de **niveles de aislamiento** para las transacciones:

- **Nivel 0.** Una transacción se encuentra en un nivel de aislamiento 0 cuando no sobrescribe las **lecturas sucias** de las transacciones de nivel más alto.
- **Nivel 1.** En este nivel se encuentran aquellas transacciones que no pierden actualizaciones.
- **Nivel 2.** En este nivel se encuentran aquellas transacciones que no pierden actualizaciones y no realizan lecturas sucias.
- **Nivel 3.** Además de las propiedades del nivel 2, también tiene lecturas que se pueden repetir.

Definición

Lectura sucia

Cuando una transacción T_1, lee una actualización realizada por una transacción T_2 que no ha sido confirmada, y esta última es cancelada, entonces T_1 habrá leído un valor incorrecto.

Durabilidad

Los cambios realizados en la base de datos por una transacción confirmada deben persistir en la base de datos y no deben perderse a consecuencia de algún error.

La responsabilidad de mantener la propiedad de durabilidad forma parte del **subsistema de recuperación del SGBD.**

Sabía que...

El subsistema de recuperación es el encargado de garantizar la restauración de la base de datos al estado anterior al que comenzase la ejecución de una transacción.

Actividades

8. Explique las propiedades fundamentales de las transacciones.
9. Indique qué funciones tiene el subsistema de recuperación del SGBD.
10. Señale por qué piensa que las transacciones deben cumplir la propiedad de aislamiento.

6. Análisis de los niveles de aislamiento

El nivel de aislamiento de una transacción es una característica de gran importancia en el desarrollo de aplicaciones de bases de datos. Afecta a la duración y tipos de bloqueos que se producen, y tiene efectos directos en el rendimiento y tiempos de respuesta de la base de datos.

 Definición

Nivel de aislamiento
Define el grado en que una transacción se aísla de las modificaciones realizadas por el resto de las transacciones concurrentes.

En una estricta definición, mientras se esté ejecutando una transacción en *SQL* los elementos de datos a los que esta tiene acceso permanecerán bloqueados para el resto de las transacciones concurrentes, de manera que si un programa realiza una consulta de la base de datos y sigue adelante con otra tarea y, más tarde, vuelve a realizar la misma consulta de nuevo, *SQL* garantiza que los datos devueltos por ambas consultas han de ser idénticos a no ser que la transacción que tiene lugar sea de modificación de datos. La posibilidad de volver a recuperar los mismos elementos de datos de manera fidedigna durante una transacción constituye el nivel de aislamiento más elevado. A este nivel de aislamiento se le denomina **nivel de aislamiento de la transacción.**

Este nivel de aislamiento resulta altamente costoso en términos de bloqueos de la base de datos y de pérdida de **simultaneidad.** Los bloqueos realizados por una transacción deben permanecer hasta que esta finalice para poder evitar que otras transacciones simultáneas los modifiquen.

Definición

Simultaneidad

Es la capacidad de que varios usuarios puedan acceder a los datos a la vez. Si una base de datos puede admitir un gran número de transacciones u operaciones simultáneas se aumenta la simultaneidad de la base de datos. El concepto es similar al de concurrencia.

En muchos casos el SGBD podrá reducir la carga de bloqueos conociendo de forma anticipada el modo en que el programa tendrá acceso a la base de datos durante las transacciones. Para conseguirlo los SGBD incorporan soporte para establecer un **nivel de aislamiento especificado por el usuario,** de manera que sea este quien determine el equilibrio entre aislamiento y eficiencia de procesamiento.

El estándar *SQL2* incluye cuatro niveles de aislamiento: serializable, lectura repetible *(repeatable read)*, lectura confirmada o lectura comprometida *(read committed)*, y lectura no confirmada o no comprometida *(read uncommitted)*.

Sabía que...

Muchos sistemas gestores de bases de datos implementaron los niveles de aislamiento o esquemas de bloqueo mucho antes de la publicación del estándar SQL2.

Mediante la instrucción **SET TRANSACTION,** definida en el estándar *SQL2,* puede especificarse el nivel de aislamiento. También permite especificar si la transacción es de solo consulta **(READ ONLY),** o de consulta y actualización **(READ WRITE).** Con esta información el SGBD podrá optimizar el procesamiento de la base de datos.

Lectura no confirmada *(read uncommitted)*

Este nivel constituye el nivel de aislamiento más bajo especificado en el estándar *SQL*. La transacción en este nivel puede verse afectada por actualizaciones confirmadas y por no confirmadas procedentes de otras transacciones. Esto da lugar a que las transacciones se vean afectadas por varios problemas de concurrencia como datos no comprometidos, datos modificados e inserción fantasma. No obstante, el SGBD evita el problema de la actualización perdida.

El nivel de lectura no confirmada únicamente resulta adecuado en aquellas transacciones donde pueda tolerarse que el resultado de la consulta contenga datos desfasados, también llamados **lecturas sucias.**

Lectura confirmada *(read committed)*

El nivel de lectura confirmada constituye el tercer nivel de aislamiento más elevado. Este nivel no permite que la transacción vea actualizaciones no confirmadas de otras transacciones, por lo que no se producirán problemas de actualización perdida y de datos no comprometidos.

Importante

Si un programa en el que se ha establecido el nivel del aislamiento *read commited* intenta actualizar una fila que ha sido actualizada anteriormente por otro usuario de forma concurrente, se hará que la transacción retroceda, evitándose de este modo el problema de la actualización perdida.

El nivel sí permite ver actualizaciones confirmadas por otras transacciones concurrentes, de manera que si la transacción ejecuta una instrucción **SELECT** de una sola fila dos veces a lo largo de la transacción, podría encontrarse que otro usuario haya modificado los datos de la fila. Esto es un problema cuando un programa necesita leer dos veces los datos de una fila o si el programa acumula valores totales o precisa realizar algún tipo de cálculo con los datos.

Lectura repetible *(repeatable read)*

Este nivel es el segundo más elevado. El nivel no permite a una transacción ver actualizaciones realizadas por otras transacciones ya sean confirmadas o sin confirmar. Por lo tanto se evitan problemas con la modificación de los datos.

El problema puede surgir cuando otra transacción inserte una fila de datos y esta se haga visible en el transcurso de la transacción. De este modo, si se ejecuta una transacción que lea una serie de filas, y que la misma transacción vuelva a realizar la misma lectura un momento más tarde, el resultado no será el mismo si otra transacción ha efectuado la inserción de una nueva fila de datos (inserción fantasma).

Si el programa empleado no necesita repetir la consulta de varias filas durante la transacción puede utilizarse el nivel de aislamiento lectura repetible sin problemas, mejorando el rendimiento del SGBD sin sacrificar la integridad de los datos.

Serializable

El nivel de aislamiento serializable constituye el nivel mayor de aislamiento. En este nivel el SGBD garantiza que los resultados producidos por la ejecución simultánea de varias transacciones sean exactamente los mismos que si se ejecutaran una detrás de otra.

El nivel de aislamiento serializable es el nivel predeterminado especificado en el estándar *ANSI/ISO SQL,* y es el modo en el que en principio funcionan las bases de datos *SQL*.

Importante

Si un programa necesita realizar varias veces una misma consulta de varias filas durante una transacción, donde los resultados sean exactamente los mismos sin tener en cuenta las demás transacciones concurrentes que tengan lugar, se deberá utilizar el nivel de aislamiento serializable.

Actividades

11. Describa los niveles de aislamiento de un SGBD.

Aplicación práctica

Suponga que le encargan la creación de una aplicación para una base de datos. Dicho programa deberá realizar varias veces una misma consulta en el transcurso de una transacción. Se debe asegurar que los resultados obtenidos en todas las consultas sean idénticos. ¿Qué nivel de aislamiento utilizaría?

SOLUCIÓN

Cuando una aplicación para base de datos debe ejecutar una serie de consultas repetidas durante la misma transacción, asegurando que el resultado obtenido sea idéntico para todas, el nivel de aislamiento adecuado sería serializable.

7. Modelo lógico de datos: modelo relacional

El modelo entidad relación es la técnica de análisis más utilizada para realizar el modelo lógico de los datos. Se ubica en el plano **conceptual** obteniendo una representación de la realidad que solo depende de las características del problema. Se denomina también **modelo conceptual de datos.**

Es una técnica gráfica que incorpora información relativa a los datos y a la relación que hay entre ellos para proporcionar una visión del mundo real.

Tiene las siguientes propiedades:

- Muestra todos los datos existentes independientemente de su utilidad posterior y del sistema sobre el que se va a implantar la BD.
- Permite crecer y modificar a medida que se necesite.
- No se tienen en cuenta restricciones de espacio, ni almacenamiento, ni velocidad de proceso.
- Es independiente de las base de datos y sistemas operativos.

7.1. Conceptos importantes

Para elaborar un diagrama E-R (Entidad-Relación) se hace necesario conocer algunos conceptos importantes:

- **Entidad:** es cualquier objeto real o abstracto que tiene interés. Se nombra mediante un substantivo en minúscula y se representa mediante un rectángulo. Por ejemplo: alumnos, profesores, asignaturas, calificaciones, etc.
- **Conjunto de entidades:** es un grupo de entidades del mismo tipo.
- **Atributo:** son las características que posee una entidad. Por ejemplo, la entidad alumnos tiene como atributos: DNI, nombre, apellidos, etc. Se representa mediante una elipse horizontal.
- **Relación:** es una asociación entre dos o más entidades. Se presenta mediante un rombo.
- **Conjunto de relaciones:** es un conjunto de relaciones del mismo tipo.

- **Atributo propio de una relación:** las relaciones también pueden tener atributos cuyo valor se puede obtener en la relación, puesto que depende de las entidades que participan en la relación.

Las entidades se representan mediante rectángulos, mientras que las relaciones se simbolizan mediante rombos. Los atributos son las elipses representadas en la imagen

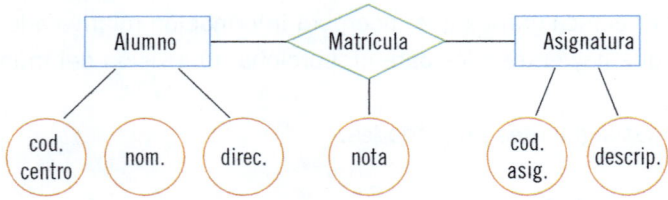

- **Clave:** conjunto de uno o más atributos que considerados globalmente permite identificar de forma única a una entidad en el conjunto de entidades.
- **Clave candidata:** son todas las claves posibles.
- **Clave externa** o **ajena** o **foránea** *(Foreing Key):* es un conjunto de atributos de una entidad que forman la clave primaria en otra entidad.
- **Cardinalidad:** la cardinalidad de una relación binaria es el número de ocurrencias de una entidad asociada a una ocurrencia de la otra entidad. Existen 3 tipos:

  - De uno a uno. A cada ocurrencia de la entidad A le corresponde una ocurrencia de la entidad B.
  - De uno a muchos. A cada ocurrencia de la entidad A le corresponden muchas ocurrencias de la entidad B.
  - De muchos a mucho. A cada ocurrencia de la entidad A le corresponden muchas ocurrencias de la entidad B y al contrario. Por ejemplo, un alumno puede matricularse de muchas asignaturas, y una asignatura puede tener muchos alumnos matriculados.

El número 1 representa una relación uno a uno, la 2 y la 3 son relaciones de uno a muchos, mientras que la 4 corresponde a una relación de muchos a muchos

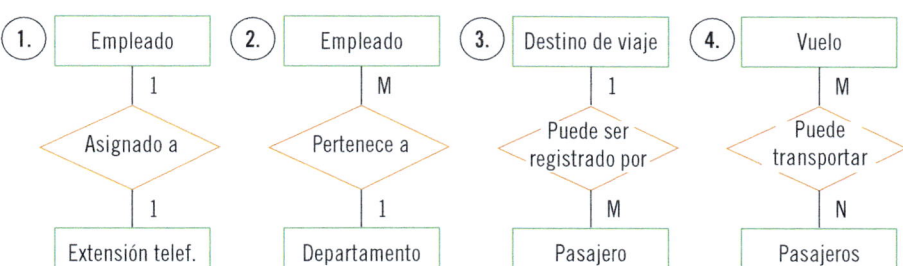

7.2. Reducción de los diagramas e-r a tablas

Todo modelo Entidad-Relación (E-R) puede representarse por medio de tablas relacionales. Para ello las reglas son las siguientes:

- Para cada conjunto de entidades existe una única tabla a la que se le asigna el nombre de conjunto de entidades y cuyos atributos son los atributos del conjunto de entidades.
- Para cada conjunto de relaciones existe una única tabla a la que se le asigna el nombre del conjunto de relaciones, y cuyos atributos son la clave primaria de todas las entidades que relaciona más los atributos propios de la relación.
- Si la relación es de uno a muchos o de muchos a uno se traduce en el fenómeno de propagación de claves.
- Si la relación es de uno a uno se lleva la clave primaria de una cualquiera a otra.

7.3. Normalización

La normalización es una técnica empleada para dar eficiencia y fiabilidad a una base de datos relacional.

La teoría de la normalización es una técnica que ayuda a los diseñadores de bases de datos a prevenir problemas de redundancia y anomalías de modificación, inserción o borrado en los esquemas de datos, evitando así la pérdida de información y mejorando su presentación.

Formas normales

Las formas normales se corresponden a una teoría de normalización iniciada por *Edgar F. Codd* y continuada por otros autores. Una tabla puede encontrarse en primera forma normal y no en segunda forma normal, pero no al contrario, de manera que una forma normal mayor va a ser más restrictiva que una menor.

1ª Forma normal

Una relación R se encuentra en primera formal normal si todos los campos son atómicos, es decir, el cruce de una fila y una columna solo contiene un dato.

2ª Forma normal

Para que una relación R se encuentre en segunda forma normal primero tiene que estar en primera forma normal, y además cada atributo que no sea clave ha de tener dependencia funcional completa respecto de cualquiera de las claves. Todos los atributos deben depender totalmente de la clave principal. Aquellos atributos que dependan solo en parte formarán otra tabla junto con la parte de la clave de la que dependan.

Definición

Dependencia funcional
Dos atributos tienen dependencia funcional si por cada valor del primer atributo existe un único valor del segundo.

Si una relación no se encuentra en segunda forma normal se aplica el **teorema 1:**

Teorema 1: sea una relación R, con atributos A, B, C, D, y con clave primaria (A,B), y con una dependencia funcional de D con A (A->D), entonces R puede descomponerse como: $R_1(\underline{A},D)$, $R_2(\underline{A,B},C)$.

3ª Forma normal

Una relación R se encuentra en tercera forma normal si está en segunda forma normal y los atributos que no forman parte de la clave deben facilitar información solo de la clave y no de otros campos.

Si una relación no se encuentra en segunda forma normal se aplica el **teorema 2:**

Teorema 2: si una relación R, con atributos A, B, C, y que el atributo C proporciona información del atributo B, entonces la relación puede descomponerse en dos relaciones R_1, con atributos B y C, $R_1(B,C)$, y R_2 con los atributos A y B, $R_2(A,B)$.

 Actividades

12. Explique las tres formas normales.
13. Determine en qué consiste la dependencia funcional. Busque en internet algunos ejemplos.
14. Busque en la red algunos ejemplos de relaciones de uno a uno, uno a muchos y de muchos a muchos.

8. Desarrollo de un supuesto práctico en el que se ponga de manifiesto la relación y las implicaciones entre el modelo lógico de acceso y definición de datos y el modelo físico de almacenamiento de los datos

A la hora de crear una nueva base de datos es necesario seguir una serie de pasos que tienen por objetivo la creación de una estructura para la base de datos lo más ajustada posible a las exigencias para las que se necesita.

La primera de estas fases consiste en un **análisis** de los requerimientos precisos, la identificación de los problemas que puedan existir, así como las posibilidades y los límites.

A continuación se entra en la fase de **diseño** de la base de datos, donde se crea el diseño **conceptual** a partir de las necesidades determinadas anteriormente. También se desarrolla un diseño **lógico** y **físico** para preparar la implementación de la base de datos.

El modelo **conceptual** se emplea para representar la realidad a un alto nivel de abstracción. Se usan modelos conceptuales que describen la realidad de una forma fácil.

El modelo **lógico** es una descripción de la estructura de la base de datos en los términos que puede procesar el SGBD que vaya a utilizarse. Para especificar el modelo lógico se utiliza el **modelo relacional.**

Por último, el modelo **físico** es una descripción de la implementación de la base de datos en el SGBD. Este depende del SGBD empleado, y el esquema se expresa mediante el uso de un lenguaje de definición de datos.

8.1. Aplicación práctica

Imagine que trabaja para una empresa de análisis químico como administrador de la base de datos. Se le solicita que implemente una base de datos para almacenar los datos obtenidos por una serie de estaciones meteorológicas de las que la empresa es responsable.

De cada estación meteorológica se conocen sus coordenadas: longitud, latitud y altitud, además de un código identificador para cada una.

De cada estación se recoge una serie de datos o muestras de la que se conoce: fecha, temperatura máxima, temperatura mínima, precipitaciones, humedad máxima, humedad mínima, velocidad del viento máxima y velocidad del viento mínima.

A partir de estos datos haga un análisis y realice el modelo conceptual, el diseño lógico y el diseño físico, para la implementación de la base de datos utilizando *SQL*.

Solución

A partir de los datos del enunciado puede establecerse el diseño conceptual en el que aparecen dos entidades: estación y muestra.

La entidad estación tiene los siguientes atributos: identificador (clave primaria), latitud, longitud y altitud.

La entidad muestra tiene como atributos: fecha, temperatura máxima, temperatura mínima, precipitaciones, humedad máxima, humedad mínima, velocidad del viento máxima y velocidad del viento mínima.

El esquema conceptual puede ser:

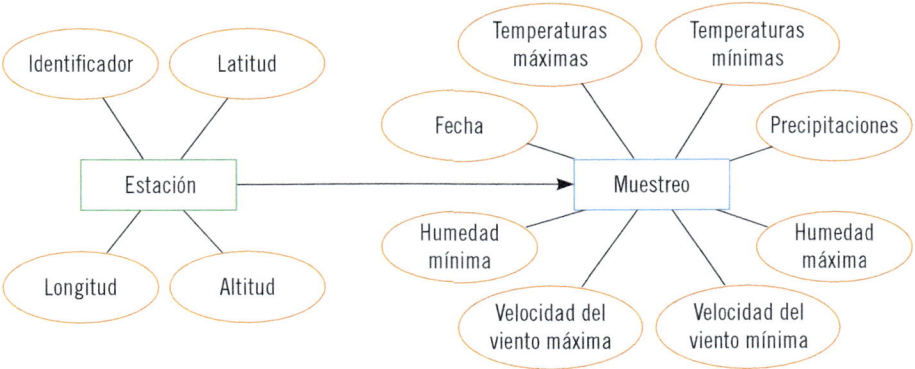

Para pasar desde el esquema conceptual al diseño lógico (modelo relacional) se ha de tener en cuenta que cada entidad se transforma en una tabla. La tabla "Muestras" tendrá como clave principal el identificador de estación y la fecha de recogida. La clave identificador proviene de la entidad estación por un fenómeno de propagación de claves al ser una relación de uno a muchos (una muestra puede provenir de muchas estaciones).

De este modo se obtienen dos tablas:

- Estación (identificador, latitud, longitud, altitud).
- Muestra (identificador, fecha, tmin, tmax, precipitaciones, hmin, hmax, vmin, vmax).

Donde:

tmin, tmax, hmin, hmax, vmin y vmax, corresponden a temperatura mínima, temperatura máxima, humedad mínima, humedad máxima, velocidad mínima y velocidad máxima, respectivamente.

Los atributos subrayados se corresponden con las claves primarias de cada relación.

Las sentencias del lenguaje de definición de datos de *SQL* para el establecimiento del diseño físico son:

Para la tabla "Estación":

```
CREATE TABLE estación (
    Identificador INTEGER NOT NULL AUTO_INCREMENT,
    latitud VARCHAR(3) NOT NULL,
    longitud VARCHAR(4) NOT NULL,
    altitud VARCHAR(4) NOT NULL,
    PRIMARY KEY (identificador) );
```

Para la tabla "Muestra":

```
CREATE TABLE muestra (
    Identificador INTEGER NOT NULL,
    fecha DATE NOT NULL,
    tmin INTEGER,
    tmax INTEGER,
    precipitaciones INTEGER,
    hmin INTEGER,
    hmax INTEGER,
    vmin INTEGER,
    vmax INTEGER,
    PRIMARY KEY (identificador, fecha),
    INDEX (identificador),
    FOREIGN KEY (identificador) REFERENCES estación (identificador)
    ON DELETE CASCADE ON UPDATE NO ACTION);
```

9. Resumen

Cuando se ejecutan varias transacciones de manera concurrente en la base de datos puede que se pierda la consistencia de estos.

Las transacciones son la pieza fundamental para la recuperación de una base de datos tras un fallo del sistema. Únicamente las transacciones confirmadas permanecerán en la base de datos recuperada.

En una base de datos *SQL* con gran cantidad de usuarios actuando de forma concurrente se garantiza que cada transacción no interferirá en las transacciones ejecutadas por el resto de los usuarios. Si se produjera una interferencia entre transacciones el SGBD obligará a una de ellas a retroceder. Los programas de aplicación deberán estar preparados para esta eventualidad, estableciendo el nivel de aislamiento más adecuado.

Los SGBD basados en *SQL* incorporan sistemas para el control de bloqueos con el que manejar las transacciones simultáneas. Ajustando los parámetros e instrucciones de bloqueo se puede establecer un rendimiento ideal para el procesamiento de las transacciones por parte del SGBD.

Ejercicios de repaso y autoevaluación

1. ¿Cuántas formas establece el estándar SQL92 de que una transacción pueda salir mal?

    a. 1
    b. 2
    c. 3
    d. 4

2. Indique si las siguientes afirmaciones son verdaderas o falsas.

    a. Cuando existe más de un usuario con acceso simultáneo a la base de datos se hace necesario establecer un control exhaustivo en el procesamiento de las transacciones.

        ☐ Verdadero
        ☐ Falso

    b. Una transacción es una unidad de ejecución de un programa que accede a los datos de una base de datos y que posiblemente los actualiza.

        ☐ Verdadero
        ☐ Falso

3. Complete los siguientes párrafos con las palabras correctas.

Durante una _____ cada usuario verá una vista _____ de la base de datos, y no verá las actualizaciones _____ _____ (no comprometidas) realizadas por otros usuarios.

Cuando dos _____ se ejecutan de manera _____, el SGBD ha de asegurar que el resultado será el mismo que si se ejecuta primero una transacción y después otra.

4. Los problemas de la concurrencia son:

    a. Actualizaciones perdidas, lecturas no repetibles y lecturas ficticias.
    b. Actualizaciones perdidas, análisis contradictorios y lecturas ficticias.
    c. Lecturas sucias, datos inconsistentes y lecturas fantasma.
    d. Todas las opciones son correctas.

5. Defina los términos bloqueo y aislamiento.

    _____

    _____

    _____

    _____

6. Indique si las siguientes afirmaciones son verdaderas o falsas.

    a. La serialización especifica que todas las transacciones se ejecuten en serie una tras otra.

        ☐ Verdadero
        ☐ Falso

    b. Es imposible evitar que dos o más transacciones accedan de manera concurrente.

        ☐ Verdadero
        ☐ Falso

7. Complete los siguientes párrafos con las palabras correctas.

El _____ se emplea para sincronizar el acceso de las transacciones _____. Normalmente se utiliza un _____ por cada uno de los elementos de datos de la base de _____.

Existen varios tipos de bloqueos: _____ _____, que son los más sencillos y restrictivos, por lo que en la práctica no son empleados, _____ _____ / _____, que tienen una capacidad mayor de bloqueo, y _____ _____ _____.

8. ¿De cuántas formas puede encontrarse bloqueado un elemento X en un bloqueo de certificación?

_____

_____

9. ¿Cuántos niveles de aislamiento se pueden establecer para las transacciones?

     a. 5
     b. 4
     c. 3
     d. 6

10. Defina los términos lectura sucia y nivel de aislamiento.

_____

_____

_____

_____

11. ¿Qué puede garantizarse si se utiliza el nivel de aislamiento serializable?

_____

_____

12. Indique si las siguientes afirmaciones son verdaderas o falsas.

    a. La simultaneidad es la capacidad de que varios usuarios puedan acceder a los datos a la vez.

        ☐ Verdadero
        ☐ Falso

    b. Mediante la instrucción SET ISOLATION, definida en el estándar SQL2, puede especificarse el nivel de aislamiento.

        ☐ Verdadero
        ☐ Falso

13. ¿Cuáles son las propiedades del modelo conceptual?

_____

_____

_____

_____

14. Una asociación entre dos o más entidades es:

    a. Un atributo.

    b. Un objeto.

    c. Una relación.

    d. Todas las opciones son incorrectas.

15. Los tipos de cardinalidad son:

    a. De uno a uno.

    b. De uno a muchos.

    c. De muchos a muchos.

    d. Todas las opciones son correctas.

Bibliografía

Monografías

▌DATE, C.J.: *Introducción a los sistemas de bases de datos*. México: Pearson Educación, 2001.

▌ELMASRI, R., NAVATHE, S. B.: *Fundamentos de Sistemas de Bases de Datos*. Madrid: Addison Wesley, 2007.

▌GILFILLAN, I.: *La Biblia de MySQL*. Madrid: ANAYA, 2009.

▌GROFF, J. R., WINBERG, P. N.: *Manual de referencia SQL*. Madrid: McGraw-Hill, 2003.

▌SILBERSCHATZ, A., KORTH, H. F., SUDARSHAN, S.: *Fundamentos de Bases de Datos*. Madrid: McGraw-Hill, 2014.

Textos electrónicos, bases de datos y programas informáticos

▌MySQL, de: <http://dev.mysql.com/doc/refman/5.7/en/>.

▌ORACLE, de: <http://docs.oracle.com/>.

▌Sistemas de almacenamiento de la información, de: <http://es.scribd.com/doc/81948377/13/Componentes-Estructura-generica-de-un-SGBD>.

▌W3scholls.com, de: <http://www.w3schools.com/sql/>.